Confessions

Jean-Jacques Bouchard

Confessions

Précédé de Avez-vous lu Bouchard ?
par Patrick Mauriès

suivi de

Vie de Jean-Jacques Bouchard
par Tallemant des Réaux,
Note *par Paulin Paris,*
Résumé *par Alcide Bonneau*

et de

Bouchard expérimentateur *par Aldous Huxley*

Vignettes et portrait imaginaire
de Pierre Skira

LE PROMENEUR

Il a été tiré de cet ouvrage vingt exemplaires de chapelle, accompagnés d'une eau-forte de Pierre Skira, réservés à l'éditeur et à ses amis. Ces exemplaires sont marqués H.C.

L'Éditeur remercie M. Emmanuele Kanceff de son concours.

L'extrait des *Diables de Loudun* d'Aldous Huxley est publié avec l'aimable autorisation des Éditions Plon.

Document de couverture : Giovan Battista Moroni, *Portrait de Giovanni Bressani* (détail). National Gallery of Scotland, Édimbourg. Photo © Bridgeman Giraudon.

Patrick Mauriès

Avez-vous lu Bouchard ?

Écoutez le torrent d'indignations que soulève l'infâme, le malheureux Bouchard : là (Paulin Paris), c'est « *un insigne fripon* », à la tête d'un « *amas de raffinements d'obscénités* », un « *affreux impuissant* », « *monstre d'une insigne lâcheté* » ; ici (Alcide Bonneau), il est ce personnage que distingue « *sa couardise habituelle* » ou « *le plus éhonté des solliciteurs* », « *un homme cupide, ambitieux, vil esclave de ses passions* » (Tamizey de Larroque) ; ici encore (René Pintard) et dans un flot incoercible : un « *petit homme sournois et pervers* », un « *esprit forcené d'intrigues* », auteur de « *scabreuses confidences* », « *livré à des éclairs de haine fielleuse* » et qui finit « *amer, amaigri par la fièvre et jaune de dépit* ». L'homme, en un mot, que vous aimerez haïr, sombre prolepse de Maldoror qui défie moins les règles de la fiction que celles de la réalité, ou de la morale, moyenne. Figure mangée d'ombre dont le principal titre de gloire est, murmure-t-on, d'avoir médité l'élimination de son propre frère ; suborneur d'âmes naïves qui ne cache — Pintard encore — « *ni son impudicité, ni sa lésine, ni sa mesquinerie, ni ses haines* »...

Les voix se relaient ainsi dans l'histoire, ressassant les méfaits d'un mécréant tellement « *mad, bad and dangerous to know* » qu'on préféra en oblitérer la mémoire pendant plusieurs siècles ; et les temps présents, ayant élevé Sade au rang d'icône, auront à leur tour laissé Bouchard pour compte, oubliant l'un des textes les plus risqués et les plus *libres* de notre littérature.

*

Extrême en son cas, la méconnaissance touche aussi le groupe d'amis dont il fit partie, et qu'il est temps d'arracher à la considération, certes grandissante, des seuls spécialistes. Une poignée d'érudits — dix ou douze — que réunit, le plus discrètement possible, leur communauté d'intérêt dans le Paris des années 1630 : hommes d'Église, du droit ou des lettres qui, tout en occupant, pour certains, le centre du pouvoir, eussent indigné la masse de leurs contemporains par leur hétérodoxie. Ils s'agitent au cœur de la fresque intellectuelle qui leur rendit vie dans la première moitié du XXe siècle, *Le Libertinage érudit* de René Pintard (achevé dès 1938, le livre ne fut publié qu'en 1943, parallèlement aux recherches de Paul Hazard sur les sources du XVIIIe siècle européen, et réédité quarante ans plus tard).

Gassendi, chanoine au chapitre de Digne, futur adversaire déclaré de Descartes, inventeur, ou réincarnation, d'Épicure, dont l'« Ose Savoir » — « *Sapere aude* » — sera la devise, est sans doute la figure la plus fameuse du groupe : à l'opposé d'Elie Diodati, un avocat, ami et confident de Galilée, qui se consacra à la poursuite des savoirs suspects (« *il était*, résume Pintard, *le sourcier qui signale les nappes d'eau sans s'occuper lui-même d'y atteindre* »). À Gassendi, Diodati présente Gabriel Naudé, qui théorisera le coup d'État et l'organisation du Savoir, sera le secrétaire d'un des neveux du pape et le bibliothécaire de Mazarin (à l'origine donc de la bibliothèque aujourd'hui située Quai Conti), en même temps que l'interlocuteur de Christine de Suède. François de La Mothe Le Vayer, magistrat jouisseur, grand voyageur, esprit libre pour lequel « *honnête homme et bonnes mœurs ne s'accordent pas ensemble* », laissa de son côté quantité de *Petits Traités* (près de deux mille pages publiées entre 1648 et 1660) et dessine le dernier coin de la « Tétrade » en laquelle choisirent de se constituer ces esprits proches. « *Bene vixit qui bene latuit* » serait leur règle commune ; et leur image, celle de la seiche qui noie son sillage en distillant son encre (Pintard, 538). Libres de penser mais pas de s'exprimer, ils offrent, avec chacun son inflexion, son inclinaison propre, autant de variations sur la persécution et l'art d'écrire, objet par définition d'insondable fascination et d'inépuisables conjectures.

*

« *Le samedi 14 Septembre 1630, au dîner, Jean Jacques Bouchard reçoit en plein visage une sole que lui a jetée sa mère* » (Pintard, 201). L'affront décide de son destin. Il quitte la maison de cette Clytemnestre pour n'y plus revenir. Il a, en dépit de sa jeunesse, déjà ses entrées dans le milieu des libertins ; Gassendi, La Mothe Le Vayer, les frères Dupuy, leur ami François Luillier l'encouragent et le soutiennent ; il fait la connaissance de Gabriel Naudé. C'est l'année suivante, et en terre étrangère, que va véritablement se nouer leur amitié, dont la chronique, prenant la suite des *Confessions*, occupe une bonne partie de ce qui constitue pour nous, désormais, l'œuvre de Bouchard.

Ce dernier arrive à Rome le 3 février 1631 ; il entre, sans le savoir, dans la dernière décennie de sa courte existence ; Naudé le retrouve le 1er mai. « *Des paroles mesurées et des gestes rares, des confidents peu nombreux et discrets ; une grande soumission apparente aux usages ; quelques fantaisies bornées et surveillées* » : tel apparaît à Pintard le quotidien des deux libertins : celui de l'agent secret, en somme, l'agent secret de la liberté d'esprit.

La biographie de Bouchard se réduit ensuite à quelques reliefs : un carnaval à Rome en 1632, dont il a laissé le récit, et au cours duquel il prend malin plaisir à jeter, avec Naudé, une centaine d'œufs remplis d'eau, de poudre et de farine, comme on le faisait alors, sur toute figure d'allure ecclésiastique ; la rencontre avec Joseph Trouillet, sur laquelle on reviendra ; la fréquentation contrariée de l'évêque Raphaël de Bologne que Bouchard surnomme « le Pontif » [1], supérieur de Gassendi,

1. Voir *infra*, p. 54.

et des voyageurs français, dont Saint-Amant ; la protection du cardinal Barberini, qui le charge d'éditer les auteurs grecs « *qui ont écrit en faveur de l'Église* » ; les démarches — et l'histoire ne ménage pas ses ironies — du pape lui-même auprès des Français pour lui obtenir un évêché ; une visite à Galilée ; la promotion, nouvelle et insondable ironie, à la charge des fraudes pieuses en Italie, où il s'ingénie à démontrer, « *implacable rationaliste* », les mécanismes et subterfuges des « *miracles* » qui lui sont tour à tour soumis ; le panégyrique de Peiresc prononcé devant le pape en 1640, et la publication de la *Panglossie* en l'honneur de l'érudit disparu, monument polyglotte qui lui vaut le commentaire condescendant de ses amis parisiens ; le progressif désenchantement vis-à-vis des Italiens et de leur manque de parole ; les attentes et les déceptions... Lorsqu'il finit pourtant par être élu clerc du Sacré Consistoire en janvier 1641, c'est pour encourir le déplaisir du maréchal d'Estrées, ambassadeur de France auprès du pape, qui lui fait « donner une leçon » des suites de laquelle il meurt le 26 août 1641.

Une seule constante dans la vie de Bouchard qui, de nécessaire pour chacun des libertins, devient chez lui proprement substantielle, définitive : le « *succès avec lequel [il] s'était, jusqu'à la minute dernière, appliqué à donner le change et à jouer son fallacieux personnage* », son caractère « *opiniâtrement double* » (Pintard, 239). Extraordinaire rétention dont les effets se prolongent par-delà la mort, rendant pour toujours incertaine la lecture de cette vie.

Dans la machination admirable — ou répulsive, suivant les biais — que résume le nom de Bouchard convergent et fulgurent les traits du libertin érudit tel que le construit le regard ultérieur ; et le cas d'école est d'autant plus remarquable qu'à la différence de Naudé, Gassendi ou La Mothe Le Vayer, Bouchard n'a laissé d'œuvre qu'invisible, secrète, aléatoire : quelques écrits intimes, et surtout l'ombre d'un projet : « *Chez Jean Jacques Bouchard,* résume médusé l'historien, *se mêlent l'étrangeté et le génie : mais ce génie, il ne l'a pas employé à résoudre les problèmes qui embarrassent les hommes ; il l'a mis dans sa propre existence, dont il a réussi à faire, en Italie, un composé savant de cynisme et de patelinage, une continuelle prouesse d'hypocrisie, un chef-d'œuvre impeccable de ruse libertine* » (Pintard, 231).

*

Le thème, ou le principe, de la dissimulation — « *on croyait observer des visages, et c'était seulement des masques* » — en implique au sens propre un second : celui du lien qui unit les dissimulateurs, par définition invisibles. Quelle communication établir avec ce qui s'y refuse ? Comment reconnaître ce qui prétend justement échapper à toute reconnaissance ? Ce lien ne saurait être celui de l'argumentation ; il est muet, immédiat : « *rapprochés au premier regard par une instinctive sympathie* », les libertins « *n'ont bientôt plus de secrets les uns pour les autres* » (Pintard, 128). De cette complicité, de cet accord tacite, Bouchard offre une illustration remarquable dans les pages de ses mémoires consacrées, à la suite des *Confessions*, au carnaval de Rome en 1632[1]. Le dimanche 22 août, après avoir admiré en compagnie de Naudé les illuminations de l'Église du Gesù, et le « *fort beau Paradis fait de deux colonnages* » que l'on y avait installé, « *Orestes*[2] *ayant doné à disner à Naudé, ils furent l'après disnée voir Trouillet médecin francois. Par ses discours libres et philosophiques, Orestes reconnut qu'il est entièrement déniaisé et* che lui, poursuit-il surimprimant le grec à l'italien, si diletta dell'arte sottile ; *dont il fit une fort belle leçon* ».

Cette pratique proclamée de l'*arte sottile* — vice italien ou vice français, suivant que l'on se trouve d'un côté ou de l'autre de la frontière — est une autre, et non la moindre, des singularités de Bouchard ; elle ponctue, sous la forme d'un flamboyant « *bugiarron* », la brève vie de Tallemant des Réaux ; elle ne contribue pas pour peu au scabreux du personnage, à ce qui l'enfonce dans le silence et dans une contrainte redoublée de prudence (proprement interdite, l'histoire du désir homosexuel est aussi traversée par le thème de la reconnaissance immédiate, de l'accord tacite entre figures de même persuasion). Le colloque romain des déniaisés, en même temps qu'il offre un aperçu sur la liberté de

1. Ces pages ont été rassemblées, et retranscrites avec une rigueur philologique toute germanique dans le premier des deux volumes des *Œuvres* de Bouchard publiées par E. Kanceff chez Giappichelli à Turin en 1976. (*Journal I* : *Les Confessions, Voyage de Paris à Rome, Le Carnaval à Rome* ; *Journal II* : *Voyage dans le Royaume de Naples, Voyage dans la campagne de Rome*).

2. Bouchard se désigne lui-même, comme on le verra dans le texte même des *Confessions*, sous ce pseudonyme.

mœurs autant que de pensées de Bouchard et de ses amis, se traduit par une des pages les plus extraordinaires qui soient (ignorée, semble-t-il, des spécialistes du sujet) sur la passion sodomite. Il s'agit d'une véritable diététique de la *venus adversa*, d'une théorie physiologique du *bouggerar*, d'un plaidoyer d'ordre scientifique pour les bienfaits de cette économie restreinte. Voici un fragment remarquable de la « leçon » de Trouillet, telle que la retranscrit Bouchard, et que l'amende, en expert, Naudé : « *Premièrement que l'on dit* schiarirsi la vista, *pour ce que se faisant beaucoup moindre effusion de semence* nel bouggerar che nel chiavar *(l'extreme plaisir que l'on a, faisant jetter incontinent) les esprits ne se dissipent pas tant et par conséquent la vue ne s'affoiblit pas, au contraire elle se réjouit et renforce par l'émotion des esprits que cause par tout le corps cette volupté, qui estant trop rapide et impétueuse ne les laisse pas entièrement résoudre ni dissiper ; disant que Bacon rapporte qu'il n'y a rien qui tiene tellement le corps en vigueur et en jeunesse, come de s'exciter au coït, sans passer néantmoins outre ; come aussi de fréquenter avec la jeunesse, et que c'est cela qui entretenoit si sains ces philosophes anciens ; qu'à ce subjet Arnauld de Villeneufve dit tout haut en ses œuvres qu'il serait expedient pour la santé que la* bouggera *fut permise ; et mesme Hippocrates ordone pour remede souverain à la dyssenterie et inflammation d'intestins*, turpem scortationem ; *et que mesmes quantité de vieillards se font* bouggerar *pour les haemorrhoïdes, come aussi font quantité de jeunes gens pour le seul plaisir, et non pour le gain ; que la vérolle se peut prendre* en besognant en cul *come on la prend en couchant ou buvant avec un verollé ; ou en taitant une femme gastée ; et que l'on la peut communiquer au* garçon [1]. »

*

Quel est le dernier mot du libertin ? Le dernier mot c'est-à-dire ce moment confondant, cette fraction infime où se révélerait imprévisiblement la vérité du personnage jusqu'alors dissimulé ? Bouchard aura-t-il, comme Rochester quelques décennies plus tard, au fin fond de la campagne anglaise, et si l'on en croit le dévot Burnet, ou plus près de lui Samuel Sorbière, soudain palinodié ? On le dirait, à ce que rapporte Pintard : le 15 août 1641, se sentant condamné à la suite des blessures infligées par le sbire du maréchal d'Estrées, il rédige son testament, finance cent messes le jour de son décès et provisionne une messe anniversaire perpétuelle dans un couvent parisien, tout en souhaitant être inhumé à Sainte-Marie-des-Anges à Rome. Deux semaines plus tard, toujours selon Pintard, on lit dans *La Gazette de France* que « *le 26, l'Abbé Bouchard, François de nation, Docteur en Théologie et Clerc du Consistoire, mourut de fièvre dans le palais de la Chancellerie,*

1. Ce passage prend la suite de celui qu'on a lu plus haut (« *Orestes ayant doné à disner à Naudé*... ») et se poursuit par une longue dissertation sur certains excès vénériens. Il est cité dans la version qu'en donne E. Kanceff (*op. cit.*, I, 148/9), dont on a simplement retranscrit les passages masqués par Bouchard sous une graphie grecque.

après avoir reçu tous ses sacrements et fait par son testament plusieurs legs pieux ».

L'affaire serait entendue si Bouchard ne léguait, du même mouvement, son archive, dont la page que l'on a lue plus haut, à l'ami romain de Poussin, Cassiano del Pozzo, chargeant le prieur de la chartreuse de Rome de ranger un peu tout cela. Haut-le-corps du bon père — Christophe Dupuy — qui entame la litanie d'exclamations horrifiées qui se prolongera jusqu'à nos jours. Bouchard, raconte-t-il à ses frères, qui vivent dans les cercles parisiens autrefois fréquentés par le duplice *buggiaron*, Bouchard laisse donc à del Pozzo « *tous ses escrits dont il faisoit un grand cas. Je vous asseure qu'il n'y a là rien qui vaille, et eust fait beaucoup pour sa réputation de faire brusler tout ce qu'il avoit, que de les avoir laisséz à une personne qui, pour sa curiosité, n'a pas voulu perdre la moindre feille sans la bien examiner… Il y a entre aultres choses une relation de sa vie depuis le temps qu'il estoit au college jusques à son partement de Paris pour Rome, qui est la chose la plus honteuse et la plus infâme que l'on se puisse imaginer, rapportant en ce bel escrit par le menu tout ce que les plus dissolus auraient vergogne de dire, et n'oublie rien de ce qui s'est passé entre luy et ses compagnons estant au college, lesquels il nomme, et sont aujourd'hui en considération et des premiers en l'employ, et passe par après aux choses particulières de sa famille, et des familiarités qu'il y avoit avec certaines personnes. Je croi que ce pauvre homme ne se souvenoit pas d'avoir laissé par escrit tant d'ordures, ou il faut dire quand il fit son testament, qu'il estoit hors de soy* » (Pintard, 238). Et Dupuy de refermer ces liasses brûlantes pour les renvoyer au Cavalier, « *comme je fis sur l'heure même* ».

Inconscience ? Malice retorse ? Naïveté ? Provocation perverse ? Tranquille arrogance ? Inébranlable certitude de soi ? Si s'impose une évidence au prieur dépité, c'est bien celle des limites mêmes de l'évidence, et qu'il s'agit là d'une des « *personnes les plus infâmes et les plus débordées et les plus décriées en matière de vice de ce pays dont on aye jamais ouy parler* ». Le visage de Bouchard se voile d'une ombre définitive ; sur sa vie et ses monstrueuses reliques retombent le silence et l'indignation.

*

Il lui faudra deux cent vingt ans pour ressurgir, par l'aveugle truchement d'un amateur de vieux papiers. « *Il y a quelque temps, en novembre 1850*, écrit dans son édition de Tallemant l'historien Paulin Paris, *un bouquiniste me pria d'examiner le manuscrit d'un* Voyage de Paris à Rome, *fait entre 1630 et 1631 par un anonyme qu'il s'agissait de reconnaître*[1]. » Il y voit immédiatement la main de Bouchard qui s'était jusqu'alors profilé indistinctement dans les mémoires ou travaux d'historiens. Deux exceptions notoires, selon Kanceff : les *Vies* de Pierre Ayroult et Guillaume Ménage publiées par Gilles

1. Tallemant des Réaux, *Historiettes*, Paris, Techener, 1853-1860, t. VII, 161, cité par E. Kanceff, *Journal de Jean-Jacques Bouchard*, *op. cit.*, I, 104-105. Voir aussi, plus bas, p. 75.

Ménage en 1675, et les *Mémoires* de l'avocat Jacques Auguste de Chevanes publiées en 1751, dont on détachera la brève vie suivante :

« *Jean-Jacques Bouchard, Parisien, etoit sçavant dans les Belles-Lettres, et Secrétaire des Lettres Latines du Cardinal Barberin. M. Gassendi, dans la vie de M. de Peiresc, en fait souvent une honorable mention.*

« *Il étoit un peu bisarre, et changeoit souvent de laquais. Mais en les chassant de son service, il leur otoit toujours l'habit neuf qu'il leur avoit donné. De sorte que les Italiens, qui avoient remarqué sa manière d'agir, disaient de lui par raillerie :* Quest'uomo è magnifico perché veste di Suo tutti gli anni più di… personne. *Il fit à Rome, dans l'Académie des Humoristes, la Harangue funèbre de M. Nicolas-Claude Fabri de Peiresc. Il mourut à Rome, de regret de n'avoir pu obtenir la place de Secrétaire du Conclave, parce qu'il ne put avoir l'agrément de l'Ambassadeur de France*[1]. »

Monsieur de Chevannes n'était, apparemment, pas au fait des *Confessions* que fait ressurgir Paulin Paris, tout en inaugurant une nouvelle phase de l'« infortune » de Bouchard. Après « avoir passé de main en main », le manuscrit tombe entre celle du mathématicien Michel Chasles, puis d'Isidore Liseux, libraire éditeur à la production singulière, qui finit par le céder à la Bibliothèque nationale. Il l'avait entre-temps confié à son collaborateur émérite, et vaguement érotomane,

1. Cité par E. Kanceff, *op. cit.*, I, 76/80.

Alcide Bonneau[1], et l'édition originale des *Confessions* parut donc chez le premier, aux bons soins du second, en 1881[2].

Bouchard redevient alors une figure de l'histoire, et de l'infamie. Eugène Müntz recommande la publication du manuscrit « *scabreux* » du *Voyage dans le Royaume de Naples*, après qu'il « *aura été convenablement expurgé* » ; Tamizey de Larroque ne publie les *Lettres inédites de Bouchard à Peiresc* qu'en reculant devant le « *monstre* » à « *la puérile vanité* », auquel il trouve cependant quelque circonstance atténuante : « *c'est là le legs d'un homme qui toujours aima beaucoup les livres et auquel, à cause de cela, il faut beaucoup pardonner*[3]... »

L'édition d'Alcide Bonneau ne fut tirée qu'à cinq cents exemplaires ; et il faut attendre un demi-siècle pour que reparaisse, par la grâce d'un anonyme, et dans une éphémère collection, ce texte des *Confessions* (Gallimard, 1930)[4]. Les années trente sont aussi celles où Pintard mène les travaux qui aboutiront, comme on l'a

1. Voir plus bas, p. 79.
2. J.-J. Bouchard : *Les Confessions de J.J. Bouchard, parisien, suivies de son Voyage de Paris à Rome en 1630, publiées pour la première fois sur le manuscrit de l'auteur*, Paris, I. Liseux, 1881.
3. Voir E. Kanceff, *op. cit.*, I, 76/80.
4. C'est, en dépit de ses imperfections, et parce qu'elle en rend le texte accessible au lecteur moyen, cette édition que l'on reprend ici. La collection où parut le volume, dirigée par Malraux, ne connut que trois titres, et peut-être faut-il établir un lien entre la main anonyme qui édita les *Confessions* et celle de Louis Raymond Lefèvre, qui avait exhumé dans la *NRF* du 1er décembre 1927 un extrait du *Voyage dans le Royaume de Naples* de Bouchard, sous le titre *Aspects religieux de Naples en 1632*.

Il faut attendre trente ans de plus pour voir paraître, dans un cadre aguicheur et sous le titre approximatif « *Les Confessions d'un perverti* », la troisième édition du texte (Paris, Cercle du Livre Précieux, 1960).

vu, à la publication de son *magnum opus*[1] et à l'affirmation définitive de la figure *bifrons* du serviteur de l'Église mécréant.

*

« *À l'illustre créateur de la catégorie du "libertinage érudit"*, note un commentateur, *Bouchard doit d'avoir enfin trouvé sa place dans le panorama culturel de la première moitié du* XVIIe *siècle ; Pintard a tout lu, tout examiné, il a exhumé une quantité de documents, il a étudié systématiquement, pour la première fois, le milieu dans lequel notre auteur a vécu ; surtout il a dit sur le libertinage et sur Bouchard libertin tout ce qu'il fallait dire.* »

La cause serait entendue, s'il ne poursuivait : « *Même un peu plus. Car quelques nuances sont forcées, elles sonnent faux* », et ajoute-t-il en note, « *emporté par sa propre thèse, Pintard a parfois forcé le portrait ; il a opposé un peu artificieusement "le vice et la vertu", la dignité érudite et la rouerie libertine de Bouchard* ».

Fatale réserve, car aux raisons d'Emmanuele Kanceff — c'est de lui, l'éditeur vétilleux des manuscrits de Bouchard, qu'il s'agit — Pintard ne saurait se rendre. Le voici forcé hors du quiet retranchement où semblait l'avoir définitivement installé la reconnaissance générale ; le voici — près de quarante ans ont passé depuis

1. *Le Libertinage érudit dans la première moitié du XVIIe siècle*, Paris, Boivin, 1943 (réimprimé par Slatkine, Genève, 1983).

le début de ses recherches — amené à célébrer ses « *retrouvailles avec des paquets de fiches jaunies* ». S'ensuit une de ces logomachies exaltantes dans lesquelles l'universitaire trouve sa virulente, et entière, raison d'être ; et Pintard de réfuter, en une rafale de pages denses et acides [1], les thèses erronées à ses yeux du spécieux turinois. Sous le poli de la page est sensible le frémissement d'indignation qui soulève le maître des études libertines, car ce n'est rien moins que sa capacité d'analyse, son optique, sa construction du personnage de Bouchard que l'on incrimine.

On ne se perdra pas dans le détail de la polémique. Ce sont, par-delà les siècles, les effets d'une duplicité proprement essentielle qui se propagent : peut-on opposer, déjà, à un Bouchard français, honni de ses compatriotes, un Bouchard italien apprécié de la société romaine, comme un négatif à son positif ? Le Bouchard des *Confessions* est-il différent de celui des *Voyages* ? Jusqu'à quel point les *Confessions* usent-elles de l'alibi romanesque ? Les *Confessions* sont-elles une « *espèce de nouvelle* » (Kanceff) ou une « *analyse autobiographique* » (Pintard) ? Radical, un autre exégète, évoquant une « *confession roman où la part de l'autobiographie est extrêmement réduite* », se laisse emporter : « *On verse beaucoup de larmes dans cette aventure. Nous ne sommes pas loin de la littérature larmoyante du* XVIII*e siècle. Il y a un*

1. Publiées sous le titre « *Un autre Jean-Jacques Bouchard ?* » dans la revue *XVII*e *siècle*, n° 127, 1980, 225/44.

côté assez bouffon dans ces querelles de famille : le courroux d'Agamemnon, les persécutions et les intrigues de Clytemnestre, tout évoque le nœud de vipères des Atrides déchaînés parmi une valetaille haletante où se bousculent chambrières qui jouent à la soubrette, tapissières et filles de cuisine. Cabinets secrets, escaliers dérobés, portes fermées à clef et à double tour, rendez-vous dans les "montées" du côté des "privés", évanouissements simulés, pâmoisons spectaculaires, convulsions feintes, tout y est. On passe de la ruelle à l'alcôve pour la grande scène où le marivaudage se termine en pantalonnades. La dernière partie des confessions parisiennes n'est qu'un tissu de ruses, de fausses sorties, de rendez-vous clandestins avec bastonnades, larcins et faux papiers[1]. »

Pur roman, donc (Lobet) ; demi-roman (Kanceff) ; autobiographie non déguisée (Pintard)... Pour qui Bouchard écrivait-il ? Jusqu'où et dans quelle optique travestissait-il, si tel a jamais été le cas, les faits ? Où se trouve la vérité de cette œuvre, sans parler du personnage même et de sa finale rétractation ? L'un (Kanceff) ne manque pas d'y voir les effets d'une résurgence du sentiment religieux, l'autre (Pintard) l'exhibition complaisante des « *désirs de l'homme naturel et son aspiration à se survivre* »... Voici donc Kinbote et Botkin pris au double jeu de ce « *Si.or Buciardo* », *bougiarron* émérite, *spirito bugiardo*, bougre plutôt que bardache, bizarre

1. M. Lobet : *Une confession libertine au XVII*e *siècle*, Bulletin de l'Académie royale de langue et de littérature française, LI, 1973, 35/54 (cité par E. Kanceff, *op. cit.*, I, 95).

polytrope ; les voici qui se disputent ardemment le masque, ou le visage, du secrétaire ombreux ; les voici qui se brûlent au feu pâle d'une sèche et fascinante préfiguration de cet autre sodomite putatif, le nabokovien John Shade.

Il ne leur reste qu'à scruter sans fin les vingt-sept feuillets que remplit d'une écriture serrée, et sans leur donner de titre, entre Pâques 1631 et février 1632, un petit homme fort laid, fort noir, qui « *estoit quasy à l'espagnole et portoit souvent une lunette sur le nez* ».

Confessions

Oreste n'estoit encore qu'en la première fleur de son age[1] ; et si néantmoins, par le continuel estude de la Philosophie où l'avoit embarqué son cher ami Marchand, il avoit tellement appaisé les troubles des affections violentes et des appétis desreglez dont la jeunesse a accoustumé d'estre agitée, qu'il s'en falloit peu qu'il ne fust arrivé à l'exemption de passion des Stoïques. Car s'estant premièrement, par un oubli voluntaire, guéri des maux passez que luy avoit apporté la perte de son premier ami Rigault et de sa bonne sœur Angélique, il s'estoit muni de patience contre la tyrannie qu'exerceoient cruellement sur luy son père et sa mère ; et, ayant abandonné tous ses premiers desseins qui luy avoient inquiété l'esprit l'espace de plusieurs années, ou de s'enterrer tout vif dans un monastère, ou se jetter dans un nouveau esclavage du service de quelque grand pour éviter celui de ses parens, il s'estoit enfin résolu de les supporter, non seulement avec courage, mais encore allègrement. Et, à cet effet, il retrancha

1. Agé de vingt-trois ans. (*Cette note est de Bouchard ; sauf mention contraire, toutes les autres notes sont de l'éditeur.*)

l'estude pénible de la critique et de la grammaire, à quoy il s'estoit autrefois appliqué avec ardeur, partie par ostentation, comme aussi pour, en acquérant de l'estime, pouvoir se procurer quelque condition avantageuse où il pust se retirer à l'abri de la persécution domestique ; et fit dessein de ne plus chercher d'oresnavant que la beauté et le plaisir dans les livres. Auxquels il joignit encore de plus le divertissement de la musique, qu'il fit prendre aussi à son frère Hullon, à sa belle cousine Catherine, et à son ami Marchand : lequel estant devenu en cette occasion esperdument amoureux de la beauté du visage et de l'esprit de cette fille, et des charmes de sa voix, il receut autant de mal et de fascherie de ce passetemps, qu'Oreste en eut de contentement et de satisfaction, qui a esprouvé les effets de la musique si puissans sur son tempérament, qu'il leur attribue la cause de la santé extraordinaire dont il jouit depuis trois ans sans interruption, et recognoit qu'il tenoit en partie d'eux la gayeté et le repos d'esprit dans lequel il vivoit depuis quelque temps, lorsque l'Amour, envieux de le voir, à l'age de vingt et trois ans, jouir desjà des privilèges d'une mure vieillesse, l'embarqua dans l'affection d'une fille, où il y a fait esprouver toutes les fortunes et toutes les tempestes que les poëtes les plus amoureux ayent jamais descrites.

Ce fut en l'année 1629, que sa mère ayant à son ordinaire mené par force à vendanges à Fontenay Oreste, elle voulut exercer sur luy une nouvelle sorte de tyrannie, le faisant tenir tout du long du jour près d'elle, ou à luy dire quelque bagatelle, ou bien à la mener promener : où lors elle desployoit les forces de son éloquence criarde et injurieuse. Dont Oreste voulant s'exempter, et se voyant privé de toute autre conversation agréable d'amis, il résolut de se jetter entièrement dans la solitude ; de sorte qu'hors les heures du dormir et du manger, il se tenoit continuellement caché dans quelque bois esloigné, ou quelque montagne escartée, ne prenant avec soi pour compagnée qu'un Senèque, et un livre d'airs. Là, il apprit ce que c'estoit de la vie solitaire, et qu'elle n'est point si horrible ni si mélancholique que l'on la figure : que si elle a quelques incommoditez, elle possède aussi en récompense de très grands avantages, se pouvant dire la mère de la liberté, du repos et de la vraye Philosophie, qui ne consiste pas à lire ni à disputer, mais en la profonde et forte méditation des choses d'ici-bas.

C'estoit à quoy Oreste employoit la plus part du temps qu'il demeuroit ainsi retiré ; et lorsqu'il luy estoit venu quelque pensée extraordinaire, il l'alloit communiquer à un galant homme de Feuillant, qui demeuroit dans un petit hermitage là auprès ; et c'estoit là le seul commerce qu'il eust avec les hommes, s'estant interdit tout autre, mesme avec ceux du logis, à qui il ne parloit que fort peu ou point du tout. Et il y avoit un mois qu'il gardoit ce silence solitaire, lorsque un matin s'estant allé promener dans le dos de la maison, il rencontra dans une vigne une petite fille que sa mère avoit treuvée demandant l'aumosne par le village : elle l'avoit prinse depuis un jour ou deux chez elle pour garder les vaches. L'abordant, comme à une nouvelle venue, il luy demanda son nom, son age et son païs ; et voyant qu'elle faisoit extraordinairement la honteuse et la simple, il luy vint un caprice d'esprouver seulement par plaisir si l'argent avoit autant de pouvoir sur les esprits de village comme sur ceux des villes. Il luy met donc une couple de sols dans la main, et aussitost, la résistance commenceant à s'affoiblir peu à peu, elle se laissa coucher, et toucher partout. Oreste ayant fait rencontre d'un petit arbre où la mousse ne faisoit encore que poindre, et qui avoit toutes les apparences de n'avoir jamais esté habité, pour l'amour qu'il commenceoit à porter aux lieux solitaires, il luy print à l'heure envie de visiter quelquefois ce petit désert, et principalement à cause du peu de difficulté qu'il y avoit d'y parvenir, ayant arresté le prix à un sol *per volta.*

Ayant donques donné le rendez-vous à cette fille le soir au mesme lieu : comme il voulut faire son entrée *in monte ficale*[1], l'étroitesse des lieux, et la froideur qui a accoustumé de le saisir en telles actions, luy esmoussa tellement sa pointe, qu'il ne put jamais passer outre. Dont tant s'en fault qu'il se faschast et troublast, comme il avoit fait d'autres fois que cela luy estoit arrivé, qu'au contraire cet accident luy fournit toute la nuit suivante des pensées les plus agréables et les plus sérieuses qu'il ait eu de sa vie. Car, sitost qu'il fut couché, il commencea à philosopher profondément sur la rébellion que faisoit continuellement, dans toutes les plus belles occasions, ce membre du milieu à la partie supérieure ; et voulut sçavoir si le def-

1. *In monte ficale* : dans le mont à la figue.

faut venoit d'elle ou de luy. C'est pourquoi voulant bien cognoistre l'origine et la cause de son mal, il commencea, premièrement, à en considérer les effets, et se rappeler en la mémoire tous les symptomes, par leur ordre, qu'il treuva avoir tousjours esté tel pour l'ordinaire :

Devant que se treuver avec quelque femme, il estoit dans des ardeurs et des impatiences nompareilles tout le temps qu'elle estoit absente : puis, en la présence, aussitost il se sentoit frappé de je ne sçai quelle mauvaise honte si opiniastrement froide, que ni la chaleur du devis, ni du vin, ni des caresses, ni des baisers mesmes ne la pouvoit surmonter : il en falloit venir à une forte et puissante opération de main, et après avoir bien pressé, hoché et frotté une grosse heure durant jusques à la lassitude de l'un et de l'autre, et s'estre imaginé toutes les plus rares beautez qui soient au monde (car Oreste a cette humeur de ne songer jamais en ces actions-là à l'objet présent, mais à quelque autre dont la seule veue luy aura autrefois plu), il ne succédoit autre chose qu'une excessive sueur, suivie incontinent après d'un frisson si violent, qu'il n'y avoit si petite partie de son corps qui n'en fust esbranlée avec une espèce de convulsion. Ce qui luy causoit une telle dissipation d'esprits, qu'il demeuroit comme esvanouy une bonne espace de temps. Que si, après cela, il pensoit solliciter et presser de nouveau son bidet ombrageux, c'estoit lors qu'il recommenceoit de plus belle ses quintes et son opiniastreté ; car il l'a veu mille fois se dresser, puis, au mesme instant qu'il le vouloit faire entrer, tomber plus mort que jamais. Enfin, après deux ou trois heures de cet esbatement, la plus grande satisfaction qu'il en pouvoit tirer, mais ce encore rarement, c'estoit quelque trois ou quatre gouttes de sperme, qu'il laissoit encore aller avec une telle malignité, qu'alors, au lieu de se mettre en estat, il estoit plus plat et flasque que jamais ; et, au lieu d'apporter la volupté ordinaire, il donnoit de la douleur. Ces efforts extraordinaires estoient suivis d'une telle lassitude, qu'il falloit plus d'une nuit pour s'en tirer, et les marques en restoient plus d'un jour sur le visage.

Après avoir fait cette exacte anatomie de son mal, Oreste se mit à en rechercher les causes : si elles venoient, ou de son premier et naturel tempérament, ou des désordres de sa jeunesse, dont il fit une revue à cet effet.

Il se souvint qu'à peine avoit-il huit ans, qu'il commencea à grimper des petites damoiselles qui venoient jouer avec sa sœur : car, au lieu de leur mettre de petits bastons dans le ..., comme font les petits enfans, feignans de se donner des clystères, il les enfiloit gaillardement, ne sçachant néantmoins ce qu'il faisoit ; et n'apprit ce que c'estoit de besogner pour le moins de trois ou quatre ans après, que son frère le luy dit ; ce qu'il imprima si bien dans sa mémoire, qu'il se souvient encore à cette heure du jour et du mois, qui fut un vendredi matin, en Mai.

Estant parvenu à l'age d'onze ans, il treuva de luy-mesme le moyen de se masturber, en cette façon :

Une après-disnée, comme il estoit dans une petite estude assis sous une table sur une pierre, regardant son sexe et le maniant, il sentit je ne sçai quel chatouillement extraordinaire, ce qui le fit recommencer une autre fois avec plus d'attention. Et y ayant treuvé un goust nompareil, il commencea de là en hors à perfectionner cet art dont il s'imaginoit estre l'inventeur ; l'apprenant aux petits laquais de chez luy et à quelques enfans de ses voisins. Et fut environ quelque deux ans exerceant ainsi ce mestier, dont luy-mesme ne sçavoit pas le nom, y prenant un grandissime plaisir encore qu'il ne jettast aucun sperme, la chaleur et les esprits seuls causant ce chatouillement, ainsi qu'il a pensé depuis.

Elle ne commencea à paroistre qu'environ les treize ou quatorze ans, vers lequel temps l'on l'envoya au collège de Calvy ; où il fut aimé et caressé de plusieurs à cause des belles et rares inventions qu'il avoit treuvé en ce mestier : voulant que l'on eust tousjours devant soi quelque bel objet, comme des femmes nues, ou des sexes de cire, lorsque l'on estoit seul ; et que l'on eust des poches de peau où le poil fust en dedans, ou des casses d'escritoire pour fourrer son sexe dedans, et ce tousjours devant le feu s'il y avoit moyen, le plaisir y estant double. Il y avoit d'autres secrets quand l'on estoit en compagnée, qu'il alloit exercer avec quelques-uns de ses compagnons tous les jours de congé, dans le clos des Chartreux, vers une grotte qui est là ; et là, sur l'herbe, le haut de chausse bas, ils faisoient ensemble mille belles postures, sans néantmoins jamais s'enfiler tout-à-fait. D'autres fois ils alloient dans quelque église et, se mettant auprès quelques belles damoiselles, ils se masturbaient l'un l'autre. Il aima plusieurs de ses compagnons pour cela, comme les deux Mangeots, Durand, Donon, la Brunetière, le Noir,

Drouin et autres, Goulu, Loiseau et De Furnes : l'ayant appris à ces trois derniers. Mais il devint furieusement amoureux de Bouthilliers et de Bellièvre[1] ; il vint à bout enfin du premier, et se donnèrent longtemps bon temps ensemble. De Bellièvre, jamais il ne put baiser qu'une fois avec luy : encore, pour le trop grand désir qu'il avoit de bien faire, il ne put jamais arser, et ce fut là le premier caprice de son sexe.

Il mena cette vie-là tout le temps qu'il fut au collège, c'est-à-dire depuis les treize jusques à dix-huit ans, spermatisant tous les jours deux fois d'ordinaire, le plus souvent trois et quatre, sans jamais se donner de relasche ni d'intermission qu'aux quatre bonnes festes de l'an, où il demeuroit huit ou dix jours sans rien faire ; et jamais il n'a pu passer quinze jours entiers, quoy que la dévotion le gourmandast assez.

En ce temps-là, non content de cela, il besognoit au logis une petite fille de chambre nommée Angélique, en la chambre de laquelle il couchoit. Cette fille avait une fantaisie de ne point se laisser approcher quand elle estoit esveillée, mais pourveu qu'elle pensast que l'on creust qu'elle dormoit elle se laissoit tout faire, de sorte que toutes les nuits Oreste l'enfiloit, tant que la posture d'une fille qui fait semblant de dormir peut permettre, et quel-

1. On prendra la mesure de la charge de scandale des présentes « révélations » lorsqu'on se souviendra que Léon Le Bouthillier de Chavigny, pour n'en citer qu'un, devint quelques décennies plus tard secrétaire d'État et bras droit de Richelieu. Bouchard se charge de lui rappeler, selon Pintard, leurs lointains émois dans une lettre du 15 novembre 1632 (*Un autre Jean-Jacques Bouchard, XVIIe siècle*, n° 127, 1980, p. 229).

quefois de jour encore ; car, quand sa maistresse estoit sortie, elle feignoit de s'endormir en la plus belle posture du monde : elle se mettoit à genoux, la teste contre terre et le cul en hault, de sorte qu'Oreste lui faisoit facilement l'*argomento*[1] par derrière, *in fica*[2] tousjours néantmoins.

Cette fille estant sortie du logis, et luy ayant quitté le collège, il commencea à vivre un peu plus règlement[3], n'ayant plus d'occasions : non pas si austèrement néantmoins qu'il n'ait continué, jusques environ il y a un an, à se masturber tous les jours une fois, et quelquefois deux. De sorte qu'Oreste, ayant treuvé que, depuis les onze ans jusques à vingt-quatre, il n'avoit presque fait autre chose que d'employer son outil, il conclut que les fautes qu'il faisoit provenoient plus tost du relaschement et affoiblissement que luy avoit causé le trop long et continuel service dont il estoit comme usé, que de sa constitution naturelle. A laquelle pourtant l'on peut attribuer quelque chose : Oreste estant premièrement de complexion fort ténue et foible, pour ce qui est du corps ; puis son tempérament estant presque esgalement prédominé de bile et de mélancholie, luy fait concevoir d'abord très vivement en l'imagination le bien et le mal des choses, par la chaleur et activité de la bile ; et par après, la froideur de la mélancholie venant à luy glacer le sang, par l'appréhension du mal ou de la honte qu'il y auroit s'il ne jouissoit du bien imaginé, luy fait la plus part du temps perdre la

1. *Far l'argomento*, faire l'affaire.
2. *In fica*, dans la figue.
3. Régulièrement.

possession du bien présent par la peur de sa perte. Et cette mauvaise humeur exerce sa puissance non seulement sur les parties génitales, mais sur toutes les autres : car il est arrivé bien souvent à Oreste, qu'ayant fort envie de dire quelque chose, la langue luy est demeurée immobile, et la mémoire luy a manqué tout-à-fait ; ayant grand désir de courir, les jambes luy tremblent et s'affoiblissent. En un mot, lorsqu'il a plus de passion de venir à bout de quelque chose, c'est lors qu'il y arrive le moins ; et quand il a le plus d'appréhension de commettre quelque faute, c'est alors qu'il y tombe le plus tost. De sorte que, pour remédier à cette précipitation d'imagination désobéïe et trahie de ses propres membres, Oreste est contraint, en toutes les affaires qu'il entreprend, de désespérer entièrement du succez auparavant que de commencer : affin que son esprit, se résolvant une fois à tous les inconvéniens qui pourroient arriver en cas qu'il vinst à manquer son dessein, il l'entreprenne en repos et sans aucun trouble.

Ce fut par cette résolution qu'Oreste finit la méditation de cette nuit-là : arrestant de se présenter, autant de fois qu'il en auroit l'occasion, au congrès avec cette petite vachère, quoyqu'il deust faire tousjours les mesmes fautes. Ce qu'il effectua l'espace de près de deux mois, la faisant venir la plus part des nuits à son lict, sans que jamais pourtant il la peust enfiler, nonobstant toutes les salades de rochette qu'il alloit luy-mesme querir à Paris, et qu'il mangeoit tous les jours, avec quantité de satyrion. De sorte qu'il commencea luy-mesme à croire qu'il estoit impuissant, et se réduisit à prendre la compagnée de cette fille plus pour instruction que pour plaisir. Et ayant esté querir à Paris quantité de livres de médecins traitans *de generatione* et choses appartenantes, il se mit à faire sur cette fille les expériences des choses plus rares qu'il treuvoit escrites.

Or il arriva qu'un jour il surprint la fille de chambre de sa mère lisant un de ces livres en un chapitre de la description des parties génitales ; et ayant veu que cette fille, au lieu de faire la sotte à la façon ordinaire des autres, commencea à l'interroger sur certains doubtes qu'elle avoit là-dessus, il entra si avant en conférence avec elle, qu'il luy fit sur son propre sexe des démonstrations manuelles de ce qu'elle n'entendoit pas par l'escriture.

Ille dies primus lethi, primusque malorum
Causa fuit...

Car Oreste, attiré par la facilité de cette fille, commencea à prendre plaisir à l'instruire en ces matières ; et ayant passé plusieurs nuits toutes entières avec elle en ces discours, et voyant qu'elle y prenoit grand plaisir, il conceut quelque bonne volonté pour elle, et songea aux moyens de passer plus outre.

Cette fille estoit, de tempérament, sanguine et bilieuse : qui d'un costé la rendoit extremement encline et sensible aux plaisirs de Vénus ; mais d'autre part elle estoit tellement orgueilleuse, qu'elle tenoit à affront et outrage la moindre recherche qu'un homme luy eust fait là-dessus. Cela fut cause que toutes les violentes poursuites que le frère d'Oreste fit après elle l'espace des trois premières années qu'elle servit sa mère, n'aboutirent à autre fin qu'à la faire sortir du logis, sans avoir jamais pu obtenir d'elle autre chose que des baisers, et la permission, par l'espace de quinze jours durant, de venir dans sa chambre la nuit *fregarla tra le coscie*[1] : et si faisoit-elle encore la dormeuse.

Après deux ans d'absence, elle rentra au service de la mère d'Oreste : ayant esgalement creu en son humeur bizarre et en beauté. Elle pouvoit alors avoir quelque vingt-trois ans. La blancheur et la délicatesse de son teint estoient alors en leur fleur ; elle avoit les yeux esveillez, et qui, estant inesgalement percez, tesmoignoient que l'esprit n'estoit pas exempt d'extravagance et de caprice ; son poil estoit chastain clair ; sa taille droite et eslaguée ; sa charnure blanche et ferme comme marbre :

Singula quid referam ? nil non laudabile vidi.

Mais si elle estoit belle, elle le croioit estre mille fois davantage, et avoit encore meilleure opinion de son esprit que de son corps, prenant un extresme contentement à se sentir louer. Ce fut là l'endroit par où Oreste crut la devoir attaquer ; et commencea sa batterie un soir, prenant l'occasion d'un refus qu'elle faisoit de se laisser instruire par les démonstrations ordinaires des parties.

« Isabelle », luy dit-il (ainsi se nommoit-elle) « je m'estonne bien fort, comme ayant l'esprit si fort relevé par

1. *Fregarla tra le coscie* : se la frotter entre ses cuisses.

dessus ceux de vostre sexe, vous le laissez tomber dans les foiblesses des filles les plus idiotes. Si vous me permettez de toucher vostre main, pourquoi faites-vous scrupule de me laisser manier vos parties basses ? N'avez-vous pas appris, dans ce livre que vous tenez, que ce n'est qu'une mesme chair semblable en susbstance, et différente par l'accident de la situation et de la forme seulement ? Que si vous m'alléguez qu'il y va de vostre honneur, et que, me permettant cela, vous me donnez prinse sur vous de pouvoir passer plus outre, ou du moins de me mocquer de vous avec mes semblables : je vous responds, qu'outre que vous me faites tort de me mettre au rang du commun des autres hommes, cognoissant mon humeur et ma façon de procéder tout extraordinaire, principalement avec vous que j'ai tousjours estimé devoir estre traitée autrement que le commun des femmes, c'est une simplicité que de croire que j'aye plus de droit sur ces parties-là pour les avoir touchées : sur lesquelles je ne sçaurois exécuter aucun dessein sans vostre consentement. Et si je me voulois vanter et mocquer, je le pourrois aussi bien faire, ne les ayant point touchées, que les ayant veues et maniées : toutes menteries estant receues pour véritez en ces matières. Que si la religion vous tient, je croi que vous avez l'esprit trop bien fait pour ne pas discerner que l'attouchement, en ces parties-là, n'a esté deffendu que lorsqu'il se fait à mauvaise intention, mais qu'au reste il est indifférent et mesme louable, lorsque l'on le fera pour la fin que je désire, qui est mon instruction et la vostre. Fortifiez-vous l'esprit, Isabelle, et, l'eslevant par dessus vostre sexe, rendez-le tout-à-fait masle ; et, pour apporter la liberté et confiance entière entre nous deux, imaginez-vous que vous estes homme du corps, aussi bien que vous l'estes desjà de l'ame : ou bien que, traitant avec moi, vous traitez avec une simple et ingénue fille. Et vous conjure de vouloir m'aimer comme si cela estoit réellement, vous protestant une fois pour toutes de ne me comporter jamais avec vous autrement ; et lorsque je passerai les innocentes privautez que les vierges les plus scrupuleuses pratiquent entre elles, je vous permets d'user sur moi toutes les violences que vous dictera la vengeance, et me priver tout-à-fait de vostre amitié. »

Ces paroles répétées diverses fois eurent un tel pouvoir sur Isabelle, qu'elle se laissa de là en hors parler de toutes choses, et toucher toutes les parties de son corps les plus chatouilleuses indifféremment, avec peu ou point de résistance : passant avec Oreste les nuits entières l'espace d'un mois entier, sans que jamais il luy donnast aucun signe de désirer autre chose d'elle que cette liberté-là, sachant bien que l'humeur orgueilleuse et déffiante de cette fille vouloit estre domtée et trompée par une longue pratique et pleine familiarité. Pour à quoy parvenir, il s'efforceoit de lui rendre par tous moyens sa compagnée agréable et attrayante, se servant entre autres de celui qui tente le plus les femmes, qui est la bonne chère : de sorte qu'il faisoit règlement[1] tous les soirs, après que son père et sa mère estoient couchez (lesquels Oreste enfermoit par

1. Régulièrement.

dehors à double tour de clef pour plus grande seureté), une petite collation de pastez, hypocraz, confitures et autres friandises, à laquelle il convioit Henriette [1], Catherine et mesme Claire [2], fille qui, outre son humeur universellement envieuse et querelleuse, portoit une jalousie et une haine invétérée de fort longtemps contre Isabelle. Or, pour l'adoucir un peu et l'obliger dans cette petite desbauche, affin qu'elle n'accusast point les autres, Oreste se donnoit la patience de luy apprendre à lire une bonne demi-heure chasque soir : ce qui réussit si bien que Claire non seulement laissoit venir ces trois filles, que la mère d'Oreste luy avoit données en garde, se servant d'elle comme d'espie et de controlleuse dans la maison ; mais mesme s'alloit coucher la première, les laissant manger et jouer avec Oreste. Et puis, Catherine et Henriette s'allant coucher l'une après l'autre, Isabelle restoit seule avec Oreste jusques au lendemain matin, qu'Oreste s'alloit coucher jusques à midi ; et après le disner, il passoit encores quelques heures à jouer et à se promener avec ces filles. De sorte que le voilà tout d'un coup métamorphosé en une autre personne : car de studieux, solitaire et sobre qu'il estoit auparavant, il se voit engagé insensiblement, et quasi contre son gré, en une perpétuelle desbauche de friponnerie, de jeu, de dance et de desrèglement. La bonne opinion qu'il avoit conceue premièrement de l'esprit d'Isabelle, et la forte résolution qu'il avoit prise ensuite de le gaigner et dompter entièrement, estimant la victoire

1. Henriette Bouchard, sœur de l'auteur.
2. Femme de confiance de la maison.

d'autant plus glorieuse, qu'il sçavoit qu'une quantité de gents, et principalement son frère, n'en avoit jamais pu venir à bout, fit résoudre Oreste à cela et à toutes les extravagances qu'il a faites durant un an. Ce qui luy succéda si bien, qu'Isabelle commencea non seulement à luy descouvrir toutes ses actions et ses pensées, mais encores celles de ses compagnes susdites, avec lesquelles elle moyenna autant de familiarité à Oreste qu'à elle-mesme : jusques là qu'y ayant une jeune fille de chambre de Catherine, qui estant dévote se laissoit moins approcher que les autres, elle luy joua ce tour-ci pour obliger Oreste. La nuit, elle alloit au lict de cette fille et, faisant semblant de follastrer avec elle, elle introduisoit la main d'Oreste, qu'elle faisoit tenir à genoux derrière elle, dans les draps *usque ad Veneris aram* [1] : sans que cette fille s'en aperceut qu'un long temps après.

Cette vie sembloit si douce, que ni les fréquentes prières de son frère qui estoit resté à Paris, ni la permission que luy donnoit sa mère de s'en pouvoir aller, ne le pouvoient faire résoudre à la quitter. Mais à la fin il fut rappelé par la commission que son père luy avoit donnée depuis quelque temps au conseil du Roy, pour vendre certains offices de clerc d'audiance de nouvelle création ; tout à propos, ce semble, pour pouvoir fournir à la desbauche qu'il faisoit et qu'il fit par après avec Isabelle ; n'ayant jamais eu auparavant aucun argent durant toute sa jeunesse. Qui est la plus grande obligation qu'il

1. *Usque ad Veneris aram* : jusqu'à l'autel de Vénus.

cognoisse avoir à ses parens : cela ayant esté cause que, malgré qu'il en ait eu, il s'est sequestré des compagnées des desbauchez, et s'est réduit de bonne heure à l'estude *per non poter far altro*[1] : à laquelle par après insensiblement il a prins l'habitude.

Un peu après qu'il fut retourné à Paris, vers la fin du mois de Novembre, Isabelle y fut renvoyée devant toute seule avec le bagage ; et passa deux nuits dans la chambre d'Oreste, sans qu'il prinst autre nouvelle liberté, que de pouvoir voir à son aise et loisir les parties dont l'attouchement luy estoit permis. Mais ce ne fut pas sans grand'peine et péril de gaster tout ce qu'il avoit fait auparavant. Car Isabelle s'effaroucha si fort d'abord à cette demande, qu'il fallut plus de trois heures à la rapprivoiser ; puis, luy ayant diverti l'esprit par un autre discours, insensiblement il la réduisit à la lui accorder, sous prétexte tousjours de curiosité en ces matières naturelles ; dont tout à l'heure après elle se repentit si fort, qu'elle fut plus d'une heure à pleurer. Ces divers mouvemens d'esprit balancé entre la mauvaise volonté et la honte, l'amour et l'orgueil, apprirent à Oreste qu'il estoit besoin encore de beaucoup de temps pour fixer et affermir cette instabilité d'ame, premièrement que de la vouloir tout-à-fait faire incliner du bon costé. À cet effet, il se contenta des simples baisers et attouchemens accoustumez, tout le long de l'Advent, jusques à la nuit de Noël, qu'estant retourné de la messe de minuit, il la tint dans sa chambre

1. *Per non poter far altro* : pour ne pouvoir faire autrement.

toute seule le reste de la nuit : où il obtint la grace de voir pour la seconde fois, *con la candela accesa in mano, la capella di Venere*[1]. Cette permission, donnée avec mille baisers et embrassemens plus chauds et plus serrez ce sembloit que l'ordinaire, après l'action, fit concevoir à Oreste une bonne opinion de la force de l'esprit de cette fille ; et pour l'esprouver, il commencea à passer de la physique à la métaphysique, et luy monstra comme tous ses fondemens estoient ruineux et fondez sur la fourberie des uns et la niaisrie des autres ; luy faisant voir clairement la fausseté et futilité de tous ses mystères les plus spécieux. Et voyant qu'elle recevoit ces discours-là avec goust et sans estonnement, il les continua quelques jours, espérant qu'elle seroit capable d'instruction ; mais il fut trompé. Car après que son esprit eut eu loisir de revenir de l'estourdissement que lui avoient causé d'abord ces propositions sublimes et si paradoxales, elle s'embarrassa dans de si grands doutes et de si fortes inquiétudes, qu'elle retomba dans de plus grandes foiblesses qu'auparavant. De sorte qu'Oreste conclut qu'il estoit meilleur pour elle et pour luy aussi de la laisser dans sa première bassesse ; de peur que la voulant eslever trop haut, il ne fust cause un jour de sa précipitation en ruine.

Les jours gras estant venus, soubs excuse de la desbauche du temps, il attiroit tous les soirs dans sa chambre jusques à minuit, sa sœur, par petites collations, jeu de chartes et lecture de romans, à quoy elle se plaisoit fort ;

1. *Con la candela…* : avec la chandelle allumée en main, la chapelle de Vénus.

et elle amenoit en sa compagnée tousjours Isabelle, qu'elle aimoit si chèrement, qu'elle prenoit autant de plaisir de voir que l'on luy fist des caresses, que si c'eust esté à elle-mesme, et faisoit généralement tout ce que vouloit Isabelle. De quoy Oreste se sceut fort bien servir, couvrant toutes les visites fréquentes qu'il faisoit le jour dans le gynécée, et celles que ces filles lui rendoient les soirs dans sa chambre, de l'affection particulière qu'il portoit à sa bonne sœur. Ce qui fermoit la bouche à Claire, qui ne pouvoit souffrir cette préférence d'Isabelle à elle ; quoy qu'Oreste la cachast le plus qu'il pust, invitant aussi souvent Claire et luy apprenant à lire. De sorte qu'elle et Isabelle estoient demeurées d'accord, qu'une nuit, l'une d'elles feroit la garde dans leur chambre, qui estoit proche à celle de la mère, pendant que l'autre iroit avec la sœur jouer à la chambre d'Oreste ; si bien que Claire venoit presque règlement de deux nuits l'une. Dont Oreste estant infiniment importuné (toutes ces veilles n'estant faites que pour Isabelle), il s'advisa de faire jouer une comédie qu'il composa, de sorte que le personnage qu'il avoit destiné à Isabelle parloit le plus souvent, et ce d'amour, à celui qu'il s'estoit proposé de faire luy-mesme. En la première distribution qu'il fit des personnages à tous les valets du logis, il fit semblant de n'avoir point dessein de s'en donner aucun, ni à Isabelle ; puis, feignant que la fille qu'il avoit prinse pour faire la servante de la comédie ne faisoit rien qui vaille, il bailla son personnage à Isabelle : prenant aussi quelque temps après pour luy-mesme le personnage du docteur, qu'il osta à un valet pour sa prétendue incapacité. Cela estant ainsi fait, voilà Claire excluse de plus venir les soirs à la chambre d'Oreste, et Isabelle en possession d'y venir toutes les fois qu'elle auroit la commodité pour répéter son roollet, et, sous ce prétexte, elle laissoit la sœur auprès la table lire quelque livre, et s'en venoit s'agenouiller auprès du lict d'Oreste qui se couchoit exprès tous les soirs avant qu'elles vinssent ; et en récitant en cette posture, elle souffroit toutes les privautez que se vouloit donner Oreste avec la bouche et la main. Desquelles n'estant pas content, et voulant arriver à quelque chose de plus substantiel : une nuit qu'elle estoit demeurée seule dans sa chambre en cette mesme posture, il s'hasarda de luy prendre la main qu'elle tenoit d'ordinaire entre les draps sur son estomac, et la luy faire descendre jusques en l'antre de Priape. Dont s'estant merveilleusement offencée, il prit occasion de luy faire un grand discours sur l'indifférence qu'il y avoit de toucher cette partie-là, ou une autre comme la main, etc. ; et sceut si bien haranguer qu'il luy fit promettre que d'oresnavant il n'y auroit plus d'endroit en leurs deux corps que l'un et l'autre ne touchast indifféremment et ne laissast toucher, pour lever par ce moyen toute deffiance de leur amitié ; car tousjours Oreste

… hoc praetexit nomine culpam,

n'ayant véritablement autre dessein, aux premiers commencemens, que de se la rendre amie. Mais enfin,

Qui fuerat cultor, factus amator erat,

et

[Intravit] amicitiae nomine tectus amor,

sans que jamais il luy en eust parlé jusques environ la mi-Mars de l'an 1630, qu'une après-disnée, estant enfermez eux deux tous seuls dans la chambre de sa mère, il luy descouvrit ingénument qu'il estoit depuis un certain temps esperdument amoureux d'elle, la conjurant de vouloir avoir sa passion pour agréable, et lui protestant que jamais il ne prétendroit à plus haute récompense du service qu'il luy vouloit rendre d'oresnavant, que les faveurs et les privautez qu'elle luy avoit permises cy-devant. Isabelle là-dessus s'estant offencée diverses fois, puis rappaisée, selon que le désir que cet amour fust vrai, et la peur qu'Oreste ne se mocquast d'elle, l'agitoient diversement : là-dessus elle s'enfuit toute en fougue, et ne voulut se laisser parler de quelques jours, nonobstant les prières que luy en fit la sœur à qui Oreste fit entendre qu'il aimoit aucunement Isabelle, à cause qu'il la voyoit si fidelle et affectionnée à son service ; ce que la bonne sœur crut, et a toujours cru depuis : de sorte que jamais elle ne s'est scandalizée ni n'a prins aucun mauvais soubçon pour toutes les caresses qu'Oreste faisoit à Isabelle devant elle.

Ce fut là le commencement des quintes d'Isabelle et

Illa fuit mentis prima ruina...

d'Oreste ; car, prenant à bon escient martel de ces rigueurs et desdains, il fut du depuis presque en continuelle rage et fureur d'amour, ne se passant semaine que cette fille ne luy fist deux ou trois revirades, qui estoient d'autant plus sensibles à Oreste, qu'elle les luy faisait tousjours immédiatement après quelque faveur extraordinaire, comme il se verra ci-après. Soit qu'elle le fist pour entretenir l'affection d'Oreste, sachant bien que

Quod datur ex facili longum male nutrit amorem,
Miscenda est laetis rara repulsa jocis ;

et qu'il n'y a rien qui reschaufe l'amour comme le feu de la jalousie : et pour ce parfois, dans la plus grande aigreur de sa cholère contre Oreste, elle faisoit bonne mine à son frère, recevant de bonne part ses caresses. Soit aussi qu'elle fust contrainte à ces changements, par le grand contraste que faisoient en son esprit l'amour et la honte, le désir de volupté et l'orgueil, l'espérance et le désespoir : passions qui la bourellèrent si violemment, qu'après luy avoir à la longue emmaigri et desséché le corps, elles s'attaquèrent si bien à l'esprit, qu'il s'en fallut peu qu'elle ne devinst folle.

Oreste, de son costé, souffrit les mesmes accidens en son corps et en son esprit, par le désespoir et la rage que luy causoient ces continuelles mutations, et par l'extresme désir qu'il avoit de se retirer de cette affection, en laquelle il se vouloit mal de mort de s'estre embarqué et dont il ne pouvoit néantmoins treuver l'issue. Et ses troubles d'esprit, et la phtisie où l'avoient réduit ces inquiétudes eussent esté suivies enfin ou de folie ou de mort sans l'aide de son cher ami Marchand, auquel n'ayant accoustumé de rien celer, il descouvrit son amour ; et Marchand estant pareillement frappé de mesme mal pour une autre Isabelle de ses voisines, ils se consoloient l'un l'autre en s'entretenant et philosophant sur la nature de leurs passions, ou en se divertissant à la musique. Car pour les livres, qui estoient autrefois tout leur bien, ils les avoient tellement abandonnez, qu'Oreste en un an entier ne put jamais achever de lire les *Morales* de Plutarque avec le commentaire Grec, livre qu'il avoit choisi comme un *antidotarium* à sa folie : employant le peu de temps qu'il estoit contraint de s'absenter d'Isabelle, au lut, dont il avoit commencé à apprendre au commencement de l'année, malgré et au desceu de son père.

Mais, pour retourner au fil du discours de l'histoire : Isabelle estant enfin rappaisée par les prières et les vers qu'Oreste luy faisoit tous les jours (l'amour luy ayant reschaufé la veine poétique qu'il avoit exercée à bon escient en sa première jeunesse, mais qu'il avoit depuis entièrement discontinuée vers les dix-neuf à vingt ans, ayant recogneu que sa poésie estoit forcée et se deüilloit un peu d'obscurité et de dureté), cette fille, dis-je, estant radoucie, elle agréa l'amour d'Oreste, lui promit le réciproque, à la charge qu'au moindre signe qu'il feroit paroistre d'avoir dessein d'attenter à son honneur, elle le banniroit entièrement de sa compagnée. En suite de cela, Oreste obtint d'elle qu'ils se verroient toutes les fois que la commodité le permettroit, et que, pour plus grande seureté, le rendez-vous seroit dans la chambre d'Oreste, pour estre en lieu fort esloigné et tout au haut du logis. Où, de là en avant, elle ne manqua guères de jour sans y venir, et plus d'une fois, lorsque la mère d'Oreste estoit à la messe, au sermon ou en visite. Là où une fois elle fut surprinse par Claire qui, ayant la clef d'un grenier proche de cette chambre, comme elle y montoit un soir, ayant ouï du bruit, s'approcha de la porte, et fut longtemps à escouter les discours des deux amans enfermez, qu'elle reporta dès le soir mesme à la sœur et la mère d'Oreste ; laquelle n'en fit aucun bruit que de deffendre à Isabelle de se plus treuver seule enfermée dans la chambre d'Oreste, la comédie qui se devoit jouer ayant excusé le reste. Laquelle ayant esté représentée à la mi-Quaresme, avec grande satisfaction de la mère, Oreste obtint permission d'elle d'en faire jouer une autre au mois de Mai à Fontenay, où sa sœur mesme et Catherine devoient représenter un personnage. Oreste s'estoit advisé de cette invention pour pouvoir continuer impunément et sans soubçon les visites et les veilles accoustumées avec Isabelle ; à laquelle il avoit formé un personnage aposté pour pouvoir exprimer avec elle toutes les passions de son amour, sous le personnage de Lucidas, qu'il s'estoit destiné et avoit réformé à son usage : ayant prins au reste toute la bergerie de Racan pour représenter où Marchand devoit faire Alidor, et Catherine la bergère qui porte son mesme nom, Marchand ayant descouvert à Oreste qu'il estoit infiniment amoureux de cette belle fille.

Sous ce prétexte, Oreste continuoit à jouir des faveurs qu'Isabelle lui alloit tous les jours augmentant ; car, non contente *di toccargli liberamente il cotale, ella lo menava ancora a spazzo*[1] ; et Oreste se servit de cette occasion-cy pour l'y faire résoudre. Un jour, comme Isabelle avoit ses mois, qu'elle appeloit avoir du sucre, Oreste, après avoir fait quantité d'expériences pour voir si tout ce que disent les médecins du sang menstrual estoit vray (ce que, par parenthèse, il a treuvé faux : par exemple, qu'il tue les herbes et les boutons de la vigne ; qu'il fasse enrager les chiens ; qu'il soit si aspre et corrosif, Oreste l'ayant espreuvé sur sa propre langue ; qu'il dissoude le bitume du Lac Asphaltide ; que sa rouille ne s'en aille jamais de dessus le fer ; que les femmes qui ont leurs fleurs ternissent un miroir en se regardant, fassent corrompre la saumure, etc.) ; après, dis-je, avoir fait des expériences de tout cela, et essayé de descouvrir de quel endroit il sortoit, si c'est des costez du col de la matrice, ou plus tost de son fond, comme il croit qu'il sort car après avoir longtemps farfouillé avec le doigt, il a senti ouvrir la bouche intérieure de la matrice, et en couler quantité de sang ; ayant fait tout ce mystère, il dit, sans penser à autre chose qu'à rire, que les hommes aussi avoient du sucre. Ce qu'Isabelle prenant sérieusement, et demandant comme cela pouvoit estre, Oreste luy dit que remuant ainsi et ainsi son sexe, elle en feroit sortir. Ce qu'elle fit en toute simplicité, ce sembloit ; puis, ayant veu l'émission, et s'estant esclatée de rire, elle se prinst à pleurer à bon escient, peut-estre de honte et de despit d'avoir fait cela. Dont Oreste l'ayant consolée, il obtint d'elle de là en avant cette cha-

1. *Di toccargli liberamente...* : de lui toucher librement le vit, elle s'amusait encore à le hocher.

rité, tous les jours que la commodité ou le caprice de cette fille le permettoit : appelant cela entre elle et luy, *faire venir du sucre.*

Quelque temps après, il obtint une plus grande grace d'elle ; car s'estant assez souvent corrompu en se frottant contre son ventre, à travers les habits pourtant, et elle n'en disant mot, ains faisant semblant de s'endormir lorsqu'il cultoit le plus fort, il print une fois la hardiesse de lui lever la chemise, et *fregarla tra le coscie* [1] : ce qu'ayant souffert quelque deux ou trois fois, enfin un jour elle fit semblant de se resveiller, et se fascha fort amèrement de ce qu'il y alloit, ce disoit-elle, ainsi en trahison, et de ce qu'il ne luy avoit pas demandé lorsqu'elle n'estoit pas endormie ; et demanda à quoy ce mystère-là servoit. Sur quoy Oreste lui ayant donné le meilleur galimatias qu'il put, il la conjura de luy vouloir permettre cette faveur-là d'oresnavant ; et qu'outre le grand plaisir qu'il y prenoit, ce seroit une nouvelle assurance de son amour et de la confiance qu'elle avoit en luy ; et luy promit de ne passer jamais outre un certain signe qu'elle-mesme lui détermina *nella sua potta* [2] : qui estoit justement vers les nymphes ou pellicules qui bouchent l'orifice extérieur du col de la matrice, car ainsi il ne la mettoit en aucun danger, et n'y avoit pas plus de péché que *menarla colla mano* [3]. Après plusieurs pleurs, et s'estre asseurée qu'il n'y avoit aucun péril, Isabelle accorda la requeste d'Oreste, qu'il com-

1. *Fregarla tra le coscie* : de se la frotter entre ses cuisses.
2. *Nella sua potta* : dans le con.
3. *Menarla colla mano :* besogner avec la main.

mencea à exécuter sans plus sentir en lui aucun signe d'impuissance, son sexe se dressant au premier baiser : et ce, à cause seulement que son imagination n'estoit point troublée de la trop grande envie de continuer tout-à-fait, et de la curiosité de sçavoir toutes les particularitez du plaisir qu'il y a à la consommation entière de cette œuvre. Car au mesme temps que son sexe estoit ainsi obéissant auprès d'Isabelle, il faisoit le rétif et capricieux à son ancienne mode, lorsqu'Oreste le vouloit faire entrer *nella gabbia*[1] de cette petite vachère dont l'on a parlé au commencement, laquelle venoit parfois de Fontenay à Paris. Et un jour, estant allé coucher chez une garce tout exprès pour s'esprouver, il ne put rien faire de toute la nuit.

Oreste croioit estre parvenu presque au port, lorsque voici s'eslever les commencements de la tempeste, laquelle l'a enfin chassé jusques en Italie. Claire, enrageant de ce que Isabelle venoit ainsi tous les soirs à la chambre d'Oreste, et voyant qu'elle ne pouvoit l'empescher pour ce que sa sœur luy menoit, elle songea que si elle pouvoit treuver moyen d'empescher celle-cy d'y plus venir, qu'Isabelle seroit entièrement privée de cette liberté. A cet effet, un soir estant venue elle-mesme appeler Isabelle pour s'en aller tenir à la chambre prez la mère, pendant qu'elle, Claire, seroit en la chambre d'Oreste ; et Isabelle, pour avoir descouvert la finesse, n'en ayant rien voulu faire : outrée de despit, elle s'en retourne tout court, esveille le père et la mère, leur fait

1. *Nella gabbia* : dans la cage.

entendre que la sœur va tous les soirs jusques à trois heures après minuit jouer aux chartes avec Oreste, leur conte toutes les veilles qui s'estoient faites l'automne passé à Fontenay, dit que c'est Isabelle qui la desbauche, et se plaint fort d'elle pour son particulier. Si bien que, le matin venu, la mère crie et frappe la pauvre sœur, luy deffend de plus jamais aller à la chambre d'Oreste, et luy fait-on faire un lict de camp sur lequel on veut qu'elle couche dans la chambre mesme de sa mère : avec deffences d'avoir plus aucune familiarité avec Isabelle. Oreste est pareillement crié, et deffences de plus parler seul à seul avec sa sœur ; et ne veut-on plus que la pastorelle se joue. Le père, selon une humeur vrayement endiablée qu'il a de soubçonner les crimes les plus horribles des personnes les plus innocentes, ayant fait entendre à sa femme qu'il pouvoit y avoir quelque villanie entre frère et sœur, et qu'Isabelle en faisoit le maquerellage ; et pour ce, l'on commencea à espier de fort près sa fille et la mener tousjours en ville sans la laisser plus seule avec Isabelle.

Cette rumeur arriva vers Pasques, et fut plus d'un mois à s'acquoiser ; dont tant s'en fault qu'Oreste fust fasché, qu'au contraire il en receut de fort grandes commoditez. Car Isabelle commencea à se treuver presque tous les jours seule dans le logis sans la sœur ; laquelle, bien qu'elle ne soubçonnast aucun mal des caresses d'Oreste avec Isabelle, les incommodoit néantmoins fort, estant une fille de son naturel mélancholique et ennemie de toutes les gaillardises d'amour ; et pour ce il falloit tousjours user de beaucoup de retenue en sa présence, tant dans le discours qu'aux actions.

Isabelle estant donc ainsi souvent seule, la mère s'occupant à crier sa fille, et Claire estant pour la plus part du temps à Fontenay : outre que croyant s'estre assez vangée d'Isabelle en lui ostant le moyen de plus venir en la chambre d'Oreste, elle ne l'espioit quasi plus, Oreste commencea à la voir plus souvent et plus familièrement que jamais. Le jour, Isabelle feignant de se retirer de la salle dans les chambres d'en haut de peur des poursuites et importunitez du frère, elle venoit s'enfermer dans la chambre d'Oreste ; et les soirs, elle feignoit d'aller au privé qui estoit au bas de la montée sur laquelle estoit posée la chambre d'Oreste, et là, faisant un certain bruit à la porte du privé, Oreste dévalloit et s'entretenoit avec elle une bonne heure, lorsque Claire estoit à la ville : et estant aux champs, ils passoient une bonne partie de la nuit ensemble sur les degrez.

Oreste, enyvré de sa bonne fortune, commencea à avoir des desseins plus relevez ; et partie pour se confirmer à perpétuité dans la confidence et familiarité d'Isabelle, partie pour pouvoir obtenir la dernière faveur, une nuit, dans la chaleur du discours et des embrassemens, il commencea à lui jetter quelques parolles de mariage : lesquelles ayant esté receues assez favorablement d'Isabelle, par succession de temps ils traitèrent de cette matière si avant, qu'Oreste insensiblement se treuva engagé de parolle, que si jamais il luy venoit fantaisie de se marier, il ne prendroit point d'autre femme qu'Isabelle ; à la charge qu'en attendant que cette alliance se fist, elle vivroit avec luy comme avec son mari, c'est-à-dire en communauté de pensées, de desseins, d'affection, de biens et de corps : tousjours son honneur sauf pourtant, lequel elle laissoit d'oresnavant en la garde d'Oreste ; qui, voyant la grande bonté et franchise de cette fille, en devint si jaloux gardien, qu'encore qu'elle s'abandonnast entièrement à luy par fois, jamais il ne voulut attenter à faire l'entier acte de génération, qu'auparavant il n'eust treuvé un moyen certain pour empescher la grossesse.

A cet effet, il se mit à faire un recueil de tout ce que les médecins ont escrit en cette matière, et achepta des drogues qu'il jugea estre les plus puissantes dans l'effet : qu'il voulut néantmoins expérimenter avant que de rien hasarder. Et argumentant que si elles pouvoient faire vider généralement tout ce qui est enclos dans la matrice, elles feroient facilement venir le sang des mois devant le temps, il print de l'armoise, de l'aristoloche et colochinte ; et l'ayant donnée un soir à Isabelle, il la pria de se la vouloir mettre la nuit à l'entrée de la nature, pour certaine expérience qu'il vouloit faire. L'humeur deffiante de cette fille lui fit tout à l'heure soubçonner qu'elle estoit grosse, et qu'Oreste luy bailloit cela pour la faire vider : ce qui luy donna une telle espouvante, qu'elle tomba en pasmoison. Et Oreste s'estant advisé de sa faute, il luy osta les herbes ; et ne faisant pas semblant de cognoistre la cause de cet esvanouissement, il luy dit qu'elle se morfondoit, et qu'elle s'allast coucher.

Le lendemain, qui estoit dimanche, sa sœur, en allant à la messe avec sa mère, vint esplorée advertir Oreste qu'Isabelle vouloit s'en aller du logis, et le pria de la vouloir retenir. Luy aussitost l'estant venu treuver, et feignant de ne pouvoir comprendre le subjet de ce subit département, fut une forte heure à la supplier de le luy vouloir dire. Enfin, vaincue par les pleurs qu'Oreste commencea ce jour là à jetter en abondance aux pieds d'Isabelle, et que depuis il a continuez de bonne sorte, ne s'estant passé semaine que cela ne luy soit arrivé plus d'une fois pour les extravagances et changemens de cette humeur bizarre ; enfin, dis-je, Isabelle lui descouvrit sa peur, et comme elle estoit résolue de s'enfuir tant que la terre la pourroit porter, pour éviter l'ignominie que luy causeroit sa grossesse, Oreste ayant premièrement voulu tourner cela en risée pour luy tesmoigner la vanité de cette terreur, par raisons plus solides et par prières il obtint d'elle qu'elle attendist au moins que le temps de ses menstrues fust venu, et que si le sang ne paroissoit point, que lors luy et elle adviseroient à ce qu'il falloit faire. Ce qu'il fit pour pouvoir avoir seulement du temps, pendant lequel il sçavoit bien qu'un esprit inconstant comme celuy de cette fille changeroit aisément de dessein ; ce qui luy réussit fort bien, car la forte imagination dont estoit préoccupée Isabelle luy fit fluer son sang mesme avant le temps. Et ainsi tout fut raccommodé, et Oreste rentra dans la possession de ses faveurs plus avant que jamais, jusques à faire trois ou quatre fois l'intromission presque parfaite ; et entre autres, une fois Isabelle s'estant mise sur luy, elle se laissa tellement emporter à la volupté, qu'elle s'enferra d'elle-mesme jusques aux gardes, de sorte qu'Oreste, plus soigneux de son bien qu'elle-mesme, retira son espingle du jeu sans rien faire. Or il est à sçavoir que toutes les fois que cette fille se laissoit aller non seulement à ces derniers excez, mais encore simplement lorsqu'elle se laissoit *fregar tra le coscie*, elle estoit demie heure à pleurer à chaudes larmes, protestant de ne se laisser jamais plus toucher, et demeurant un, deux et trois jours dans cette résolution, qu'enfin Oreste, par prières, larmes et violence renversoit : de sorte que pour un jour de bien que cette fille luy a donné, elle luy en a baillé tousjours quatre mauvais. Ce qui le rendit si mélancholique, qu'il commencea à ne plus voir personne que son cher Marchand, abandonnant mesme le concert de musique que faisoit son frère, pour espier les occasions d'entretenir ou rapprivoiser son Isabelle.

Ces flammes amoureuses s'estoient tenues cachées à tous ceux du logis, fors à son frère qui, en ayant descouvert quelque fumée, alloit espiant les actions d'Isabelle, par curiosité et par jalousie : lorsqu'au mois de Juillet, ayant esté presque faite maison neuve de valets, il entra premièrement au logis une petite tapissière nommée Corinne[1], qui tenant compagnée à Isabelle, commencea à troubler beaucoup la quiétude des deux amans, Isabelle ne pouvant se treuver seule avec Oreste si souvent qu'auparavant. Puis ensuite son frère print un laquais

1. Pseudonyme, pour Marie.

Bourguignon nommé Rozée, que Claire se rendit partisan par présents pour luy servir d'espie, principalement contre Isabelle, qu'elle avoit entreprins de faire chasser du logis : ne pouvant souffrir le mespris dans lequel la tenoit Isabelle, qui d'autre costé la faisoit encore crever d'envie et de jalousie, par le support qu'elle s'estoit acquis auprès du frère, de la sœur et d'Oreste qui vouloient à toute force qu'elle demeurast au logis, et qui haïssoient de mort Claire.

Toute la maison estant ainsi bandée en deux ligues, Rozée commencea à se servir des belles parties de son esprit, c'est à sçavoir, de détraction, flatterie, calomnie, et de trahison ; car faisant mille caresses à Isabelle, en derrière il en disoit tout le mal du monde. Et ayant espié toutes les visites qu'elle faisoit à la chambre d'Oreste, il commencea à divulguer à Claire et à tous les autres valets ces amours, adjoustant mille impostures : qu'il avoit veu Oreste monté sur Isabelle ; que ce qu'Isabelle avoit esté malade un certain temps, c'estoit qu'elle avoit prins certaines poudres pour se faire avorter que luy avoit données Oreste, lesquelles Rozée avoit esté querir par l'ordonnance d'Oreste (voulant parler de certaine cresme de tartre qu'Oreste luy envoya une fois querir pour se purger). Ces bruits courans partout le logis, Isabelle, de désespoir, un soir, après estre venue de baigner avec la mère, où Oreste avoit aussi esté, et l'avoit veue nue et touchée partout par dessous l'eau, s'en alla du logis sur les huit heures, et Oreste la suivit par toutes les rues de Paris deux grosses heures, la priant de vouloir retourner ; enfin il obtint qu'elle reviendroit pour cette nuit-là, et que le lendemain elle s'en iroit si bon lui sembloit. Revenue au logis, elle demande son congé, fondée sur les calomnies que Claire alloit semant d'elle. D'abord la mère, emportée de cholère, le luy accorde pour le lendemain matin ; et Isabelle estant venue au privé, Oreste la sceut si bien prescher jusques à une heure après minuit, qu'elle luy fit promettre que si sa mère ne luy parloit plus de sortir, qu'elle demeureroit à la maison. Les pleurs de l'un et de l'autre furent si grands et si longs, qu'ils furent ouïs de Claire et de la mère qui estoient aux aguets à la fenestre de leurs chambres ; et Oreste ayant esté reconduire Isabelle jusques à la porte de sa chambre, à peine fut-elle entrée qu'elle treuva la mère près la porte, qui la print par la main et la mena dans son cabinet : luy demandant premièrement d'où elle venoit à cette heure, et pour quel subjet elle pleuroit. A quoy Isabelle luy respondit qu'une douleur de dents l'avoit retenue jusques alors en bas. Lors la mère deschargea tout ce qu'elle avoit sur le cœur depuis certain temps : luy contant tous les caquets que l'on faisoit d'elle dans le logis, qu'elle dit néantmoins ne pas croire ; mais qu'elle l'en advertissoit affin qu'elle ne se donnast plus tant de liberté avec Oreste, et qu'elle luy deffendoit de plus aller jamais à sa chambre : qu'elle la prioit de demourer à son service et qu'elle la deffendroit contre Claire et tous autres.

Le lendemain après disner, Oreste fut appelé au cabinet de son père, où luy et sa femme luy firent un long sermon, répétant tout ce qui avoit esté dit la nuit, avec menace d'estre battu si jamais il estoit treuvé seul avec Isabelle : le père surtout faisant fort le courroucé, comme il estoit véritablement en son ame, ayant une jalousie extresme, et une haine contre Isabelle, qui l'avoit refusé plusieurs fois, et s'estoit mocqué de luy tout fraischement de ce qu'à l'age de soixante et cinq ans il vouloit faire l'amoureux. Oreste, voyant la fureur bestiale de son père, respondit à sa mère qu'à elle seule il luy feroit ses excuses ; et sa mère estant venue à la chambre d'Oreste, il couvrit si bien toutes ses familiaritez avec Isabelle, sous le prétexte des comédies passées, du jeu, de l'affection qu'elle portoit à sa sœur, et de l'envie que Claire luy portoit, que sa mère demeura presque satisfaite, et fit une longue réprimande à Claire, luy deffendant de plus rien faire ni rien dire à Isabelle, et priant Oreste de travailler à la réconciliation avec Claire de sa sœur qui avoit en tout ceci deffendu ouvertement Isabelle, et juré une haine irréconciliable contre Claire. Laquelle estant allée pour un mois à Fontenay, toutes les affaires se raccommodèrent aucunement : de sorte qu'Oreste recommencea à voir Isabelle, non plus dans sa chambre, mais dans celle de sa mère, laquelle estant au milieu de deux autres qui respondoient à deux diverses montées, sitost qu'il entendoit venir quelqu'un d'un costé il s'évadoit de l'autre.

Mais ils estoient espiez de si près qu'ils ne pouvoient plus presque rien faire, la calomnie ayant laissé la deffiance dans l'esprit de la mère, et estant venue de nouveau une servante de cuisine au logis, qui, devenant jalouse d'Isabelle, commencea à s'unir avec Rozée et faire de plus infames caquets que devant. De sorte que Claire estant revenue à Paris, voilà plus de bruit que jamais au logis ; et la mère commence elle-mesme à faire l'espie, fait fermer à clef la porte qui respondoit sur la montée de la chambre d'Oreste : luy deffendant de jamais plus passer par sa chambre, par où auparavant il passoit maintefois le jour sous prétexte d'aller à celle de son frère (mais c'estoit véritablement pour voir Isabelle) ; luy deffend en outre de se plus treuver jamais avec Isabelle, soit seule, soit en compagnée ; commence de plus à fort maltraiter la sœur, la menaceant de chasser Isabelle, si elle la treuve plus parlant en secret avec elle, ni avec son frère ni Oreste. De sorte que la pauvre sœur alloit un jour se jetter dans un monastère, de désespoir, si Oreste, qui en fut adverti par Isabelle, ne l'en eust destournée par cette invention. Voyant qu'il ne luy pouvoit persuader de demeurer au logis avec toutes les persécutions de sa mère, plus tost que de s'aller enterrer toute vive dans un monastère, il s'offrit de luy en chercher un, là où l'on la tiendroit en pension, sans qu'elle se fist religieuse ; mais il tira premièrement une promesse de sa main, que jamais elle ne feroit aucun veu sans son consentement ; et depuis il chercha aux Ursulines, ce qu'il fit plus par manière d'acquist qu'autrement, n'ayant fait cette proposition que pour pouvoir avoir du temps, qui peut tout, principalement sur les femmes.

Nonobstant toutes ces précautions et espies, Oreste n'eust pas laissé de continuer de voir Isabelle quelquefois, pouvant tout au moins la voir le soir au bas de la montée,

Corinne faisant le guet, pource qu'elle ne soubçonnoit aucun mal dans cette familiarité. Mais Isabelle estant allée à confesse à la mi-Aoust à un confesseur extraordinaire aux Cordeliers, elle voulut s'esclarcir de ce qu'elle n'avoit jamais voulu descouvrir au confesseur ordinaire de la maison, ce dit-elle depuis à Oreste, de peur qu'il ne dist son secret à la mère ; et ayant exposé la vie qu'elle menoit avec Oreste, le moine luy fit le cas si énorme, et l'espouventa tellement, qu'il renversa en un quart d'heure ce qu'Oreste avait esté presque un an à bastir : jusques à luy conseiller de sortir du logis pour éviter l'occasion du péché. De sorte que voilà Isabelle tellement effarouchée, qu'il n'y eut pas moyen de la rapprivoiser qu'au bout de quelque temps, qu'Oreste se servit de cette invention, après l'avoir sollicitée en vain plusieurs fois :

Un jour que tout le monde estoit allé à Fontenay, il fit tant que le matin Isabelle vint faire un tour dans sa chambre, là où, après avoir usé en vain toutes sortes de prières, il en voulut venir comme à la force : à quoy Isabelle ayant crié et demandé secours à Corinne qui estoit en bas, Oreste s'eschappa jusques là qu'il luy donna deux ou trois légers coups : dont cette fille orgueilleuse jusques au dernier point, se sentit tellement offencée, qu'elle jura de ne jamais le pardonner à Oreste, et lui deffendit de plus luy parler, sinon qu'elle le diroit à sa mère. L'après-disnée, Oreste se treuva dans la chambre de sa mère avec Isabelle, Corinne et son frère, lequel, ayant veu ne pouvoir venir à bout d'Isabelle, s'estoit mis depuis peu après Corinne et l'avoit desjà si bien apprivoisée, qu'elle prenoit l'oiseau au poing et se laissoit toucher *alla sua gabbia*[1]. Pendant qu'il caressoit Corinne, Oreste s'estant approché d'Isabelle, il la supplia à genoux et les larmes aux yeux de luy vouloir pardonner, et qu'autrement elle le réduiroit à un point dont elle seroit marrie par après, se sentant desjà fort mal : à quoy elle n'ayant rien respondu, ains s'estant mise à dormir, Oreste se lève de cholère, et se va jetter sur un lict d'une chambre voisine : où estant véritablement tourmenté tout de bon du repentir de ce qu'il avoit fait le matin, et de désespoir de pouvoir jamais se remettre aux bonnes graces de cette fille, il se sentit un peu mal ; et ayant avec cela contracté depuis quelques mois en çà la couleur pasle et jaune des amoureux, il s'imagina qu'il pourroit facilement contrefaire quelque grand esvanouissement, qui toucheroit peut-estre et adouciroit Isabelle. A cet effet, après s'estre plaint quelque temps, il jetta un grand cri, auquel son frère estant accouru, et ayant treuvé Oreste chu à bas, tout froid, espleuré, resvant, et feignant quelques convulsions, il appela ces deux filles ; dont il n'y eut que Corinne qui vint, apportant de l'eau. Isabelle demeurant immobile. Laquelle enfin, oyant continuer les cris du frère, qui estant véritablement en peine demandoit du vinaigre, accourut aussi, et treuvant Oreste en si piteux estat, et disant en ses resveries des choses qui pouvoient estre entendues aucunement d'elle (car il se plaignoit à bastons rompus d'une trop grande cruauté, et de sa propre folie, et menaceoit de dire tout ce qu'il sçavoit),

1. *Alla sua gabbia* : à sa cage.

soit la pitié ou la peur qui la touchast, elle commencea, les larmes aux yeux, à faire tout son possible pour le faire revenir. Et ayant dit aux deux autres qu'ils se retirassent pour laisser reposer Oreste, elle commencea à l'embrasser et baiser, l'appelant et se nommant, le priant de luy pardonner son obstination, et qu'elle promettoit d'oublier tout ce qui s'estoit passé : ce qu'Oreste faisant semblant de ne point entendre, et continuant dans ses resveries, elle commenceoit à se désespérer et tirer les cheveux, s'appelant folle et malheureuse, lorsqu'il feignit de revenir un peu ; et après plusieurs complimens et plaintes de part et d'autre, il luy fit promettre qu'elle luy donnoit l'entière liberté sur elle qu'il avoit eu auparavant, à la charge qu'il n'en abuseroit plus d'oresnavant : pacte qu'il observa quelque temps, partie pour ne pas avoir l'occasion, les espies se redoublant de jour à autre. Et pendant cela, il print familiarité avec Corinne qui commencea à venir le visiter jusques dans sa chambre, et de jour et de nuit, impunément, tous les yeux du logis estant tellement fichez sur les actions de la pauvre Isabelle, qu'ils ne s'apercevoient d'autre chose quelconque ; et Oreste estoit infiniment aise de cette familiarité, qu'il tesmoignoit tout publiquement, affin de destourner l'envie (qui estoit toute tombée sur Isabelle) sur la teste de Corinne ; de laquelle en trois jours il obtint toutes les privautez qu'il avoit eu la peine d'obtenir en un an d'Isabelle : et ce, sous prétexte de luy faire venir ses mois, qu'elle s'estoit plainte ne pouvoir avoir, et qu'il luy fit véritablement couler, par un breuvage de colochinte, savinité et aristoloche. Mais treuvant ces caresses-cy fades, il voulut retourner à celles d'Isabelle : à quoy luy rouvrit l'entrée un accident d'un gros clou qui luy vint aux rheins, de sorte que ne se pouvant penser de luy-mesme, elle s'offrit de le faire, et, par cette occasion, elle eut quelque liberté de venir quelquefois à la chambre d'Oreste : ce qu'autrement sa sœur mesme ne luy eust pas voulu permettre, l'ayant priée, et Oreste aussi, de discontinuer ces privautez, de peur qu'on ne la chassast.

Vers ce temps-là, Claire retourna de Fontenay, et Isabelle ne pouvant plus souffrir les continuelles espies qu'elle luy faisoit lorsqu'elle estoit à Paris, elle demanda son congé un beau matin et s'en alla. Et la pauvre sœur ayant supplié Oreste de l'aller chercher et la faire retourner, il la fut treuver chez une sienne tante : et après luy avoir fait livrer ses propositions de l'entretenir en chambre, mesme de l'espouser, lesquelles elle ne put gouster, il la fit enfin résoudre de retourner : et la mère, quoy qu'aigrie horriblement contre elle, la reprit par une certaine impuissance d'esprit qu'elle a de se pouvoir jamais deffaire d'aucun serviteur qui luy fait quelque petit service à son gré ; et plus un tel luy fera d'offences, plus elle aura peur de le perdre.

Depuis ce dernier retour, Corinne s'en estant allée du logis, laquelle servoit à faciliter les rencontres, Claire demeura à Paris : laquelle s'estant advisée du rendez-vous que se donnoient nos amans au pied de la montée, osta deux ou trois lozanges d'une vitre, pardevant laquelle il falloit qu'Oreste passast, affin de le voir quand il descendroit le jour ; et la nuit faisant coucher là son Rozée. De sorte que cette poste-là n'estoit plus tenable : toutes les autres du logis l'estant encore moins, Claire ayant tousjours à son costé les clefs des chambres d'en haut.

Tout cela estant ainsi disposé, Oreste ne put plus voir Isabelle, qu'un jour, que tout le monde fut à Fontenay, fors son frère ; qui, estant venu à heurter à la chambre d'Isabelle lorsqu'Oreste estoit enfermé avec Isabelle, elle le fit entrer, ayant premièrement caché dans une chambre voisine Oreste, qui eut le plaisir deux heures durant d'ouïr les discours qu'elle luy faisoit faire sur les matières les plus gaillardes et les plus extravagantes du monde, sur lesquelles elle le mettoit tout exprès pour le plaisir du bénévole auditeur : lequel, après que son frère se fut retiré, demeura le reste du jour avec son Isabelle à se remettre en possession des privilèges qui luy avoient esté accordez autrefois. Mais ce fut la dernière : car de là en hors, la mère commencea à faire guerre ouverte à Oreste pour subjet de ses amours, et mit si bon ordre aux espies, qu'il n'y eut plus de moyen de voir Isabelle dans le logis. Cela le fit résoudre à treuver un lieu dehors où ils se pourroient rencontrer tous deux en seureté.

L'Huillier, ami intime d'Oreste, avoit une petite maison au bout des faubourgs de Paris, qui luy servoit à loger son bon maistre Gassendi, et à amener quelquefois des dames. Or, pour faire résoudre Isabelle à venir pour la première fois en ce lieu-là, Oreste luy fit entendre qu'il vouloit se retirer hors la maison de son père, ne pouvant souffrir la persécution qui l'empeschoit de jouir du bien présent qu'il avoit si cher ; et que, si elle vouloit sçavoir de ses nouvelles, il la mèneroit à un logis où elle en pourroit apprendre toutes les fois qu'elle y viendroit. Elle estant enfin venue en cette maison, L'Huillier vint heurter quelque peu de temps après à la chambre où Oreste s'estoit enfermé avec elle : dont elle eut si peur, s'imaginant que l'on luy vouloit jouer quelque mauvais tour, que jamais Oreste ne la put rassurer, quoy qu'il eust renvoyé son ami, et ne put obtenir pour lors aucune faveur d'elle : qui s'en retourna au logis toute courroucée contre luy, jusques-là qu'elle protesta de ne plus vouloir avoir aucune communication avec luy, et luy redemanda un demi-ceint d'argent[1] qu'Oreste lui avoit prins, disant le luy vouloir garder, mais qu'il retenoit ainsi pour avoir occasion de faire venir cette fille quelquefois en sa chambre. Et pour ce subjet ayant fait difficulté de le luy rendre, elle s'en plaignit à sa sœur et le pressa tellement un soir en sa présence de le luy rendre, qu'elle fut toute preste de s'en aller plaindre à la mère mesme : ce qu'Oreste ne voulant pas faire que lorsqu'elle seroit seule avec luy, il luy eschapa d'alléguer pour excuse, qu'il ne pouvoit ce soir-là luy rendre, pour ce qu'il estoit empaqueté avec ce qu'elle sçavoit. Ce que la sœur print en fort mauvaise part et fit de grands reproches à Isabelle, de ce qu'elle avoit des secrets avec Oreste qui luy estoient cachez : qui luy donnoit occasion de soubçonner quelque chose de mal honneste. Pour réparer sa faute, Oreste s'advisa de cette invention :

1. « Ceinture d'argent que les femmes de condition inférieure avaient accoutumé de porter » (Littré).

il osta cinq cents francs qui estoient cousus dans le mesme sac où estoit ce demi-ceint ; laquelle somme il faisoit entendre à Isabelle luy vouloir bailler à sa départie ; et au lieu de cet argent il empaquette une discipline et une teste de mort, puis, le lendemain matin, comme ces deux filles estoient ensemble, il apporte ce sac tout cousu et cacheté, et fait entendre à sa sœur qu'Isabelle avoit fait un complot avec luy d'ouvrir ce sac devant elle lorsqu'il seroit sorti du logis, pour luy faire croire qu'il s'estoit allé faire moine : ce qu'elle print pour argent contant, Isabelle aydant à la fourbe de son costé.

De là en avant Oreste s'habilloit de fois à autres de campagne, feignant de vouloir partir de jour à autre, afin d'avoir occasion de voir Isabelle soubs le prétexte d'adieu, encore que véritablement il n'y songeast pas autrement : lorsqu'un samedi 14 Septembre, sa mère luy ayant jetté en pleine table une sole à la teste, il se résolut par despit, et encore par l'instigation d'Isabelle et de sa sœur offencées de cet affront, de sortir tout de bon ; et ayant mis le meilleur de ses hardes dans la chambre de son frère, il s'en alla sur le soir en la petite maison de L'Huillier, avec une petite cassette sous le bras où estoit quelques quatre cents francs, qu'il avoit gaignez en un an en la commission que luy avoit baillé à exercer son père ; avec quelques livres et du linge.

Le dimanche matin, son frère vint treuver Oreste au bord du fleuve, où estoit le rendez-vous, et luy conta comme le soir, après avoir attendu jusques à dix heures du soir, sa mère l'ayant interrogé particulièrement où pourroit estre allé Oreste, et luy ayant respondu ne sçavoir autre chose, sinon qu'il luy avoit ouï parler du voyage de Constantinople que devoit faire bientost le comte de Marcheville, elle le chargea de dire à Oreste, s'il le rencontroit par hasard, qu'il revinst au logis et qu'il y treuveroit toute seureté. Mais luy, estant retourné au logis, et sa mère voyant qu'il ne luy vouloit donner aucunes nouvelles d'Oreste, disant seulement en gros qu'il estoit peut-estre allé aux champs et qu'il reviendroit, elle révoqua sa parolle, arresta avec son mari de faire vendre le lendemain les livres d'Oreste ; et ordonnèrent tous deux à son frère de dire à Oreste qu'il ne retournast jamais au logis, sur peine d'en estre chassé à coups de baston : menaces qui furent infiniment agréables à Oreste, car elles lui donnèrent l'occasion de treuver une invention par laquelle il pourroit s'absenter de la maison pour un temps et mettre ses parens néantmoins dans leur tort, puisque c'estoit eux qui estoient cause de son absence par leur deffence de retourner.

Il songea premièrement à mettre ordre à ses affaires ; et, pour pouvoir subsister plus longtemps sur le sien propre, tant que quelque autre occasion se présentast, il se résolut de vivre au pain et à l'eau ; y ayant desjà longtemps qu'il désiroit d'expérimenter si cette sorte de vie-là estoit plaisante et pour durer ; et il la treuva encore plus supportable et délicieuse que ne l'ont jamais représentée tous les Philosophes de l'antiquité. Dans les quinze jours qu'il observa cette règle, il luy sembloit estre passé de l'humanité à une espèce de divinité, ne se sentant quasi plus avoir besoing d'aucunes choses d'ici-bas, pour lesquelles il voyoit tout le reste de la ville se péner, se tromper et se battre. Hors de trois pains d'un sol pièce qu'un boulanger lui apportoit tous les matins par une porte de derrière, tous les biens de la terre pouvoient périr, sans l'incommoder aussi peu que s'il eust esté dans le globe du soleil ou de quelque autre monde ; et il luy sembla commettre un notable et pernicieux excez, lorsque les prières de ses amis, entre autres de L'Huillier, Gassendi, La Mothe, Pillault, et du médecin Labrosse, qui le menaceoit de phtisie par ce subit changement de régime, le forcèrent d'ajouster à son festin un plat de raisins ou de pommes que luy apportoit sa fidelle Isabelle, le venant visiter dans sa solitude toutes les fois que l'absence de la mère luy permettoit ; et là ils jouissoient en liberté de conscience des douces privautez passées.

Oreste ayant mis cet ordre à son vivre, il donna la clef de sa chambre à son frère, affin qu'il sauvast le meilleur de ses livres de la vente qu'en vouloit faire son père ; lequel ne manqua pas le lundi matin de faire lever la serrure d'Oreste et la faire changer, se doutant que son frère eust la clef : puis fit venir libraires qui estimèrent toute la bibliothèque à quatre cents francs ; à laquelle vente le frère s'opposa, disant avoir presté à Oreste cinq cents francs pour achepter lesdits livres ; ce qui estoit fort vraisemblable. Oreste les ayant acheptez de l'argent que premièrement il avoit rogné à ses maistres lorsqu'il alloit au collège ; puis en ayant prins une fois à crédit pour la somme de cent livres, qui est le seul emprunt que jamais il ait fait ; et enfin ayant employé à cela plus de la moitié de ce que luy apportoit la commission de son père. De sorte que ses parens n'avoient rien desboursé, que pour quelques livres de droit lorsqu'ils le firent aller au Palais par force.

Après l'estime faite des livres, tout le reste des meubles fut partagé aux domestiques du logis ; et Claire eut le linge et quelque argenterie. Oreste, cognoissant l'humeur violente de ses gens, avoit de bonne fortune mis en la chambre de son frère ses papiers secrets et ses meilleurs habits, que ce frère par après print la peine luy-mesme d'apporter par pièces à Oreste, par un exemple de charité fraternelle inouy en ce siècle-cy ; car autrement il ne se pouvoit faire, personne ne sortant du logis sans estre visité à la porte.

Cette fraction de porte et dissipation de meubles, avec tout plein d'autres extravagances que la rage et foiblesse dictoient à sa mère, aidèrent infiniment au trait qu'Oreste joua le mercredi d'après sa sortie. Il donna le mot du guet à son frère que, sous prétexte de faire porter quelque chose avec luy, il prinst le valet de chambre de son père, qu'il choisit tout exprès pour servir de tesmoing irréprochable à ce qui se passeroit entre son frère et luy. Comme son frère fut esloigné quelque peu de la maison, accompagné de ce valet, Oreste, qui estoit aux aguets, passe devant luy, feignant de ne le pas voir ; lequel l'ayant appelé et demandé où il alloit, Oreste respondit qu'il alloit au logis, pour ce que le Pontife[1], qui l'avoit convié

1. L'évêque de Digne, Raphaël de Bologne, qui siégea de 1628 à 1653.

de venir avec luy aux champs pour quinze jours, estoit de retour pour la maladie d'une sienne sœur. A quoy le frère respondit qu'il avoit charge de ses parens de luy dire qu'il se gardast bien de jamais rentrer, sur peine d'estre excedé et maudit ; puis luy conta tout ce qui s'estoit passé dans sa chambre et sur ses livres. A quoy Oreste, faisant l'estonné estrangement, partit à l'instant comme désespéré, ne respondant autre chose, sinon qu'il alloit donc chercher retraite autre part, puisqu'on la lui refusoit chez son père.

Le frère envoya incontinent au logis ce valet, qui ayant l'esprit persuadé que tout ce qui s'estoit passé estoit véritable et sans fourbe, le raconta avec tant de naïveté et de pitié, qu'il ne donna pas seulement le loisir à la mère de douter, mais luy toucha si fort la conscience, qu'elle se repentit aussitost des extravagances où son impatience l'avoit portée, et se mit à considérer les inconvéniens qui en pouvoient arriver et le blasme que l'on luy donneroit, d'avoir esté cause pour un rien, peut-estre, de la ruine de son fils. De sorte que se sentant entièrement chargée de toute la faute, elle se mit à la rejetter sur le frère sitost qu'il fut de retour ; le blasmant avec injures et menaces de ce qu'il avoit fait une si aigre ambassade à Oreste ; à quoy le frère ne respondant cette fois-là, ni les autres depuis, sinon qu'en ce faisant il avoit exécuté ses commandemens exprès, elle fut pour sortir hors du sens, son mari mesme rejettant la faute sur elle.

Ce soir-là mesme, Oreste fut chez les parens les plus confidens raconter son désastre, se plaindre de la barbarie de sa mère, leur contant comme, pour avoir esté trois jours aux champs avec le Pontife, qui avoit prins la peine de venir depuis peu la treuver au logis pour obtenir une licence perpétuelle pour Oreste, de manger, coucher, et s'aller promener avec luy quand l'occasion s'en présenteroit (ce qui estoit véritable, ayant mesme obtenu du père de mener Oreste en Italie avec luy au printemps) : pour avoir esté, disoit-il, trois jours aux champs avec luy sans licence particulière, qu'il n'avoit point voulu demander, tant pour ce qu'elle avoit desjà esté donnée générale au Pontife, que pour l'affront de la sole receu le samedi, on avoit vendu et donné tout son pécule, puis le chassoit-on du logis. De là il fut embouscher le Pontife, à ce qu'il eust à dire conformément à ce qu'avoit dit Oreste à son frère devant le valet, si d'aventure son père le venoit treuver ; comme il ne manqua pas de faire le vendredi ensuivant. Mais il n'apprit rien de nouveau, sinon qu'Oreste estoit résolu d'aller à Constantinople avec le comte Marcheville, qui y alloit ambassadeur ; auxquelles nouvelles la mère vint elle-mesme avec le père prier le Pontife de vouloir destourner de ce voyage si périlleux leur fils, auquel ils le prioient de les vouloir faire parler une fois seulement : ce qu'Oreste n'ayant jamais voulu faire, ils conclurent enfin que le Pontife le persuaderoit de retourner au logis, où ils luy promettoient toute seureté et bon traitement.

Le lendemain, le frère partit pour Angers, et Isabelle fut envoyée à Fontenay avec la sœur préparer les logemens, la mère devant y aller le jour d'après. Oreste se voyant ainsi privé de l'assistance de l'un, mais surtout de la présence de l'autre, et songeant aux moyens de la pouvoir recouvrer, il commencea à entendre aux offres que luy fit le Pontife de le restablir chez luy ; il laissa néantmoins escouler quelques jours pour tesmoigner qu'il avoit véritablement dessein de faire ce voyage, et à cet effet, il commencea à faire faire équipage pour partir. Cependant la mère, ennuyée de plus attendre, s'en alla à Fontenay : qui estoit ce que désiroit le plus Oreste, sachant bien que ses conditions se traiteroient plus avantageusement avec son père seul, comme il arriva ; car le Pontife obtint que premièrement l'on ne parleroit plus du passé : que l'on fourniroit dans le mois d'Octobre argent à Oreste pour aller en Italie, et que cependant il ne seroit point obligé d'aller demeurer à Fontenay : pour lequel dernier article, en bon François, toute la farce avoit esté jouée, Oreste n'estant sorti du logis à autre intention que pour laisser passer quelques quinze jours pendant lesquels sa mère iroit à Fontenay, et ainsi se libérer *ab hac rusticatione*[1], qui ne pouvoit estre que fort dangereuse et fascheuse pour luy, y ayant bien moins de commoditez de pouvoir parler à Isabelle que dans la ville.

Ainsi donc les pactes estans faits et le Pontife s'estant obligé à les faire garder, il le ramena luy-mesme dans son carrosse à son père. Oreste pensant par cette rentrée s'estre mis à couvert de toutes les tempestes passées, il sentit d'abord un nouvel heurt plus sensible que tous les précédens. Car la première chose que l'on luy dit au logis, fut qu'Isabelle avoit esté chassée de la maison pour cette occa-

1. *Ab hac rusticatione* : de cette villégiature.

sion-cy. Le Pontife, à l'abbouchement qu'il fit avec la mère, entre autres choses il luy dit qu'Oreste luy avoit tesmoigné d'estre bien aise de se treuver hors du logis et de n'y pas retourner, pour convaincre de fausseté toutes les calomnies que l'on avoit fait courir de lui et d'une certaine fille de chambre, laquelle il eust esté bien marri que l'on eust chassée à son occasion, cette fille estant le seul entretien et consolation qu'eust sa sœur. A ces douces paroles, la mère despescha dès quatre heures au matin le carrosse à Fontenay, où elle avoit envoyé depuis deux jours Isabelle, avec ordre qu'elle eust à revenir à l'instant à Paris, et puis la mit dehors de la maison avec tous les mauvais traitemens et indignitez imaginables. Cette pauvre fille ainsi chassée s'en vint tout droit pour trouver Oreste, qui demeuroit lors dans la petite case de son ami L'Huillier ; mais il estoit allé aux champs pour tout ce jour-là, par le plus grand bonheur qui luy eust pu arriver : car si cette fille l'eust rencontré alors qu'il se treuvoit en liberté hors la maison de son père avec quelque argent, l'amour, qui estoit lors enflammé plus que jamais par toutes ces traverses et par l'absence, estoit pour luy faire faire une folie dont il se fust repenti toute sa vie : c'est à sçavoir de la luy faire espouser, ou tout au moins de s'enfuir avec elle. Et ce fut aussi un grand bonheur pour Oreste de ne sçavoir rien de cette sortie avant son retour chez son père : car s'il en eust eu le moindre soubçon seulement, jamais il n'eust remis le pied chez son père : mesme il pensa s'en retourner tout court à la première nouvelle que l'on luy en dit au logis. Considérant néantmoins que ce seroit vérifier tous les soubçons que l'on avoit eu de ses amours, il remit sa sortie à un autre temps qu'il pourroit avoir quelque honneste prétexte ; songeant cependant aux moyens de se venger de Claire et de Rozée, causes de cette séparation.

Il fait donc bonne mine au logis, et ayant enfin treuvé Isabelle, qui estoit rentrée au service de son ancienne maistresse, il luy donne le rendez-vous au logis de L'Huillier, où il rentra en possession des faveurs passées : ce qui commencea à luy faire quasi passer l'envie de plus faire voyage, treuvant des acroches aux offres que luy faisoit son père de l'envoyer tantost en Flandres, tantost en Angleterre, puis finalement à Tolose. Il ne songeoit plus qu'à la jouissance présente de ses amours, et à la vengeance, qu'il commencea à exercer premièrement sur Rozée en cette façon : il fit semer le bruit par son ami Marchand, qui estoit de retour des champs, dans le quartier, que ce galant se vantoit partout de besogner Claire ; et que, pour n'estre troublez en leurs amours, luy et elle avoient fait chasser Isabelle. Oreste, de son costé, l'alloit ainsi semant aux lieux où il croioit qu'on ne l'accuseroit pas de l'avoir dit : de sorte que tout le monde le sçavoit. Celle qu'il estoit plus nécessaire qui le sceust, c'estoit sa mère, à qui enfin il le fit escrire par sa belle cousine Catherine, laquelle il s'estoit rendue beaucoup plus confidente depuis son mariage avec un viel jaloux ; luy ayant descouvert l'amour qu'il luy portoit depuis un certain temps, et elle l'ayant eu pour agréable : jusques à luy conter, toutes les fois qu'il l'alloit visiter, tout ce qui se passoit entre son mari et elle tant le jour que la nuit, luy rendant mesme conte des plaisirs et des pensées qu'elle avoit dans l'affaire. Cette familiarité luy fit obtenir d'elle une lettre pour sa mère, par laquelle elle lui donnoit advis des bruits peu advantageux que Rozée faisoit courir de sa niepce. A quoi la mère par le soubçon qu'elle avoit de Catherine, et la forte passion qu'elle avoit de retenir Rozée à son service pour faire desplaisir à Oreste, ne respondit autres choses qu'injures, supprimant cette lettre dans le logis. C'est pourquoy Oreste se résolut de faire venir ce bruit aux oreilles de Claire mesme, sachant bien qu'elle ne pourroit se tenir d'en faire vacarme ; et cela ayant esclaté, il faudroit que le compagnon vidast. Ce qui réussit : car ayant fait dire par deux jeunes gens apostez, au valet de chambre de son père, qu'ils avoient ouï Rozée se ventant de cela, adjoustant qu'il monstroit une tresse des cheveux de Claire (Oreste avoit prins garde que depuis un jour ou deux il en portoit une à son chapeau qui ne revenoit pas mal au poil de cette fille), ce valet l'ayant dit à Claire, elle commence à battre ce laquais ; et la mère voyant l'affaire qu'elle avoit tant voulu cacher, descouverte, fit chasser Rozée à coups de bastons, quoy qu'elle en crevast de despit. Et pour vengeance elle commencea à presser le père fort et ferme de faire venir demeurer à Fontenay Oreste. Ce qu'Oreste ne voulant nullement faire, représentant les pactes qu'il avoit fait à son retour, sa mère, qui ne peut souffrir personne qui résiste et qui ne ploye à ses violences, résolut d'esloigner Oreste par quelque voyage : dont Oreste fut extremement aise, les extravagances et bizarreries d'Isabelle recommenceant à le tourmenter plus que jamais et le portant à des actions ridicules et dangereuses. Car premièrement cette fille ne voulant plus venir au rendez-vous ordinaire en la maison de L'Huillier à cause de la trop grande distance, il loua diverses chambres vers le Louvre cinq et six escus par mois ; lesquelles il estoit contraint de laisser aussitost, pour les hostes qui ne vouloient pas souffrir qu'Oreste menast cette fille chez eux, quoy qu'il fist entendre qu'elle estoit sa femme : ayant à cet effet changé de nom, et fait lever une attestation du livre des mariages de la paroisse St-Sulpice, des fiançailles et espousailles d'un de la Motte, dont il avoit prins le nom ; laquelle il monstroit pour tesmoignage comme il estoit marié avec cette fille.

Isabelle aussi, de son costé, estoit cause de ces changemens ; car, après estre venue une fois ou deux en une chambre, elle n'y vouloit plus retourner ; et les caquets commenceant à la persécuter à l'occasion d'Oreste chez sa maistresse aussi bien que chez sa mère, elle s'estoit résolue de ne plus se laisser voir à Oreste : qui, comme désespéré, eut recours à ce dernier remède, quoy que fort dangereux. Il fit faire un faux contract de mariage et de fausses attestations de curez de village, et avoit dessein de prouver avec cela à la maistresse d'Isabelle qu'elle estoit sa femme, affin qu'elle luy permist de la venir voir privément. A quoy Isabelle ne s'estant pas voulu résoudre, mais faisant sentir sourdement à Oreste qu'elle désiroit qu'ils s'espousassent tout de bon ; puis, qu'elle feroit appreuver à sa maistresse toutes leurs privautez et visites, se faisant forte d'obtenir mesme d'elle comme pour dot un logement meublé en ville pour eux deux : Oreste, aydé des bons conseils de son cher Marchand, prévit que cet amour l'alloit ruiner s'il demeuroit plus long temps à Paris. Cela le fit résoudre à accepter l'offre que son père luy faisoit de l'envoyer en Italie ; et ayant treuvé la commodité du passage de la famille du cardinal de Bagni, qu'il renvoyoit en Italie, le temps de sa nonciature en France estant expiré, son voyage fut enfin arresté. Et pendant que les préparatifs s'en faisoient, Oreste voulut satisfaire à la forte passion qu'il avoit de se venger de Claire. Il sçavoit que c'estoit la fille du monde la plus avaricieuse, et qu'il y avoit quatorze ou quinze ans qu'elle estoit aprez à faire un petit pécule : il croit donc ne pouvoir luy faire plus grand mal, outre le bien qui luy en reviendroit à luy, que de le lui oster. Il se met donc à le chercher par tout le logis, jusques mesmes dans le coffre-fort où sa mère tenoit son argent et ses bagues, ayant surprins la clef à son père : où ayant bien cherché, sans prendre rien néantmoins, il va enfin ouvrir à force le coffre de Claire, où il ne pouvoit s'imaginer qu'elle eust laissé son trésor : qu'il y treuva néantmoins, mais bien moindre qu'il ne s'estoit imaginé, n'y ayant que douze pistoles, deux chaisnes d'or à mettre en bracelets, montant à quelques quinze escus, un anneau d'une opale, et quelques petites bagatelles d'argent, lesquelles il donna à Isabelle, retenant pour soy tout l'or, monnoyé et en œuvre.

Ce coup-là mit en grande alarme toute la maison lorsque, la mère revenant de Fontenay, Claire se treuva volée. Ce que la mère et le père, meus des apparences qu'en donna la déposition des valets, qui chargèrent tous Oreste, creurent assurément avoir esté fait par Oreste ; et lui escrivirent depuis à Rome qu'ils vouloient qu'il envoyast une promesse de la somme prise à Claire, ou qu'autrement il n'auroit point d'argent d'eux. Mais Marchand qui, pendant l'absence d'Oreste a donné des preuves d'amitié que l'antiquité n'a jamais veues, jusques à s'offrir à entretenir à ses propres frais et despens son Oreste, en cas que ses parents ne luy voulussent plus faire tenir d'argent, desbrouilla toute cette fusée par une intrigue dont peut-estre le monde, au moins la Chrestienté, n'a jamais ouï parler. Un samedi de Pasques de l'année suivante 1631, il alla le soir desguisé se jetter aux pieds d'un confesseur, luy dit avoir esté domestique, avoir volé à Claire quelques quarante ou cinquante escus, et luy en restitua quinze, que le bon prestre apporta à Claire deux jours après ; et ainsi la mère changea d'opinion, croyant du depuis fermement que c'est le valet de chambre du père, qui sortit du logis un peu après le départ d'Oreste, qui a fait le coup. *Hoc dictum nulli*[1], et n'y a que Marchand, Oreste, son frère et sa sœur qui le sçachent.

Oreste ayant donc l'esprit satisfait par la vengeance, et ayant fait faire les préparatifs de son voyage, il consigna à son ami Marchand tous ses manuscrits et ses livres plus curieux, feignit de se réconcilier avec sa mère et Claire,

1. *Hoc dictum nulli* : cela ne fut dit à personne.

leur demandant pardon ; puis, allant prendre congé de tous ses amis, il arresta avec L'Huillier un voyage de Constantinople pour le printemps de l'année 1632 ; où le bon Gassendi doit aussi venir. Enfin, il finit ses adieux par Isabelle, avec laquelle il fut un jour tout entier enfermé chez L'Huillier ; là il luy donna une promesse passée par devant notaires de trois cents livres de rente sa vie durant, en cas qu'il mourust en son voyage ; et elle de son costé luy promit solennellement de jamais ne se marier sans son consentement, et que, quand il seroit de retour, elle iroit demeurer avec luy en quelle condition qu'il voudroit, ce qu'elle luy a depuis confirmé par diverses lettres. Les larmes qui furent espandues abondamment de part et d'autre en cette séparation, furent rasserénées par la dernière jouissance des anciennes faveurs, qui ne passèrent point néantmoins pour cette dernière fois les premières limites ; de sorte que les amours d'Oreste pourront passer un jour pour les plus extraordinaires et les plus extravagans qui ayent jamais esté représentez chez les poëtes : Oreste et Isabelle ayant l'espace d'un an entier bruslé d'une flamme esgalement ardente ; ayant souffert toutes les persécutions dont la jalousie et l'envie a accoustumé de traverser l'amour ; ayant eu toutes les plus belles commoditez qui se sçauroient souhaiter, et s'estant donné des privautez que les femmes et les maris font difficulté de se permettre, ils se séparèrent alors enfin tous deux entiers, avec leur première virginité.

Autour de Jean-Jacques Bouchard

Tallemant des Réaux

Vie de Jean-Jacques Bouchard

Bouchard estoit filz d'un apothicaire de Paris[1] dont la femme avoit un fils de son premier mary, nommé Hullon. Ce Hullon avait un bon prieuré de huict mille livres de rente, en Languedoc, nommé Cassan[2]. Bouchard, jaloux de son frère et espérant qu'il luy résigneroit son bénéfice, conseilla à son père de l'empoisonner d'un poison lent. Le père n'y voulut point entendre[3]. Au bout de quelques années, Bouchard s'en va à Rome, où il se disoit seigneur de Fontenay parce que son père avoit je ne sçay quelle chaumière dans Fontenay-aux-Roses à deux lieues de Paris[4]. Il n'y fut pas plus tost

1. Bouchard, selon Antoine Adam dont on a ici intégré notes et corrections à la version du texte publiée par Gallimard en 1930 (Tallemant des Réaux, *Historiettes*, Paris, Gallimard, 1961, t. 2, p. 1505-1506), était né le 30 octobre 1606 de Jean Bouchard, secrétaire du roi, et non apothicaire, et de Claude Merceron, parente de Ménage.

2. Jean-Baptiste Hullon, né d'un premier mariage, aumônier du roi et titulaire du prieuré de Cassan.

3. Hullon, rapporte Adam, découvrit, à la mort de son père, la preuve que son demi-frère avait tenté de lui enlever son bénéfice. On a de fortes raisons de penser que Tallemant rapporte là une fausse anecdote lancée par un Hullon outragé.

4. Chapelain confirme que la famille Bouchard avait une « maison fort roturière » à Fontenay, vendue ensuite pour acquitter des dettes, et que « c'est de cette seigneurie qu'il a pris ce nom superinduit par grandeur à celui de Bouchard

qu'il s'habille autrement que ne le font les bénéficiers François. Il estoit quasi à l'Espagnole et portoit souvent lunettes sur le nez, à la mode des Italiens, parce qu'il avoit la veüe courte.

Il se donna au cardinal Barberin pour gentilhomme *di belle lettere.* Il estoit fort laid, fort noir, logé dans la Chancellerie avec Montreuil, l'académicien[1], qui alors estoit au cardinal Antoine ; ils prirent un valet à eux deux. Ce valet se mit dans la teste que Bouchard estoit sorcier (il n'en avoit pas trop mal la mine), et disoit sans cesse à Montreuil qu'il ne le pouvoit souffrir. Enfin, un jour, ce garçon, passant par Saint-Pierre, vit exorciser un prétendu possédé (cela se voit à toutes les festes en Italie) ; et entendant que le prestre, qui prononçoit du gozier, disoit : *Spirito buciardo,* au lieu de *bugiardo*[2], il prend sa course et va dire à Montreuil qu'il avoit toujours bien cru que Bouchard estoit un sorcier, mais qu'il en estoit bien plus assuré que jamais, et qu'il ne vouloit plus demeurer avec cet homme. Il lui fallut donner congé.

Ce Bouchard se fit de l'Académie des *Humoristes.* Là on demanda un jour si la langue Françoise estoit par-

---

lorsqu'il fit le voyage de Rome ». Bouchard précéda son ami Naudé à Rome d'un mois, le 3 février 1631.

1. Bouchard « fut bien accueilli à Rome par le cardinal Bentivoglio et par Francesco Barberini. Il réussit à trouver un emploi chez le cardinal Antonio Barberini avec le titre de gentilhomme domestique » (*Historiettes*, 1506). Jean de Montreuil, académicien, fit partie du cercle d'Antonio Barberini.

2. « *Spirito bugiardo* » correspond à l'« *esprit de mensonge* » de la liturgie des exorcismes, et annonce discrètement l'ambigu et sonore « *bugiaron* » qui ponctue la présente historiette.

venue à un aussi haut poinct de perfection que l'Italienne. Il prit l'affirmative et s'offrit, pour le prouver, de traduire en François la *Conjuration de Fiesque,* de Mascardi, le plus célèbre auteur de ce temps-là. Jamais notre pauvre langue, avant M. de Vaugelas, qui parle pour elle dans la préface de ses *Remarques,* n'a trouvé que des meschans défenseurs. On imprima cette traduction chez Camusat [1], qui n'en voulut pas croire ses amys.

Or, par modestie, ce monsieur Bouchard n'avoit pas voulu mettre son vray nom, mais il se faisoit appeler *Pyrostomo* [2] dans les vers à sa louange qu'il avoit mis au-devant de son livre. C'estoit une véritable Panglossie comme la *Panglossie* de Peiresc [3], il y en avoit en toutes langues ; c'est de luy que Balzac se mocque sous le nom de Jean-Jacques, dans ses Lettres familières à Chapelain.

Ce pauvre Bouchard marchanda tous les petits éveschez d'Italie, l'un après l'autre, et ne fut pourtant jamais prélat. Il eut des coups de baston pour s'estre meslé de dire quelque chose contre le mareschal d'Es-

1. L'ouvrage fut bien publié, précise Adam, en 1639, date à laquelle Retz entreprit lui-même sa célèbre traduction qui ne parut pourtant qu'en 1665.

2. C'est-à-dire « Bouche-ard ». Bouchard fut familier des traductions, ou plutôt des translittérations, plus ou moins ludiques. Comme on l'a déjà vu, il avait coutume de noter en graphie grecque les noms ou mots qu'il voulait « secrets ».

3. Les pièces liminaires de la traduction sont, précise Adam, « écrites par une étrange affectation en latin, en grec et en hébreu ». Le monument que Bouchard éleva à la gloire de Peiresc sous le nom de *Panglossie*, après la mort de ce dernier, était écrit en quarante-six langues et fut considéré par beaucoup comme une rodomontade, « une happelourde pour faire beaucoup de bruit à peu de frais » (voir *infra* la notice d'Alcide Bonneau, p. 79).

trées, durant sa brouillerie avec le pape Urbain[1], et il mourut un an après. Il estoit en réputation de grand *bugiarron*[2].

1. Le maréchal d'Estrées, représentant peu apprécié de la France auprès du Saint-Siège, patronnait son majordome pour le poste de secrétaire du Saint-Collège ; le cardinal Barberini patronnait Bouchard. Finalement élu à cette charge le 7 janvier 1641, Bouchard fut attaqué et blessé d'un coup d'épée le 10 mars suivant, sur les instances du maréchal, qui encourut la colère du pape. Bouchard ne survécut à l'agression que cinq mois et mourut le 27 août.

2. L'atone « menteur » par lequel on traduit pudiquement, ou « par un contresens plaisant » (*Historiettes*, éd. citée, 1508) cet italianisme déplacé perd toute justification, s'il en avait jamais eu, face à un autre passage des *Historiettes* qu'on lira dans les « Contes d'Italiens sodomites » : « on menoit au supplice deux garçons. Celuy qui avoit été le bougeron crut qu'il y alloit de son honneur de passer pour ce qu'il estoit et declaroit aux assistans que l'autre avoit été le bardasche. *"Lascia, lascia figlio*, lui dit le religieux qui les assistoit, *queste preminenze d'honore"* » (*Historiettes*, 740). De Pintard à Antoine Adam, la nature obstinément duplice de Bouchard constitue un sujet de stupéfaction apparemment inépuisable, et une source de « textes infiniment curieux ». Le moindre de ces textes n'est sans doute pas le *Journal* du méchant homme et la fameuse visite à Trouillet dont on a lu le compte rendu plus haut (p. VIII-IX) avec son apologie de l'*arte sottile*, et d'un solécisme de chair qui eût ravi Pierre Klossowski.

Paulin Paris

Note jointe à l'historiette de Tallemant

Il y a quelque temps, en Novembre 1850, un bouquiniste me pria d'examiner le manuscrit d'un Voyage de Paris à Rome, fait en 1630 et 1631 par un anonyme qu'il s'agissait de reconnaître. Cet homme, parti de Paris avec des lettres de recommandation de MM. Du Puy et Gassendi, avait passé par Aix, avait été témoin d'une sédition grave causée par la nouvelle érection des Élus, s'était de là rendu à Tolon, puis à Beaugencier, résidence ordinaire de M. de Peiresc, avec lequel il était resté plusieurs jours et dont il fait connaître très curieusement les habitudes, la façon de vivre, les occupations

« Inventeur » moderne du texte de Bouchard, Alexis-Paulin Paris naquit à Avenay, dans la Marne, le 25 mars 1800. Entré à la Bibliothèque royale en qualité d'employé, il en fut rapidement nommé conservateur des manuscrits (1839), avant de devenir membre du conseil de l'École des Chartes (1846), puis professeur de littérature du Moyen Âge au Collège de France (1853). Il consacra sept volumes à l'inventaire des *Manuscrits français de la Bibliothèque du Roi* (1848), éditant les *Grandes chroniques de France* (1836-1840) et *La Conquête de Constantinople* de Villehardouin (1838). Grand amateur de Byron, il commença par traduire *Don Juan* avant de s'attaquer aux treize volumes des *Œuvres complètes* (1830-1836). Il s'illustra aussi, entre autres choses, par de nombreuses contributions d'ordre bibliophilique, et publia son édition des *Historiettes* de Tallemant chez Techener entre 1853 et 1860 ; elle devait le conduire naturellement à sa découverte des « raffinements d'obscénités » de Bouchard.

ordinaires. Notre homme avait poursuivi sa route et était arrivé à Rome au commencement de l'année 1631. Là s'arrêtait son journal de voyage.

Or, l'auteur était précisément Jacques Bouchard. J'en ai vu la preuve dans les volumes, conservés à la Bibliothèque Impériale, de la correspondance de Peiresc. Au tome VIII de cette correspondance, on trouve cinq lettres signées Bouchard et adressées de Rome au savant Provençal en 1633, 1634, 1635, 1636 et 1637. L'écriture était parfaitement identique avec celle de l'*Itinéraire de France à Rome*, il ne restait plus de doutes sur l'auteur de l'*Itinéraire*. Et, ce qui donne un nouveau prix à ce manuscrit, c'est qu'en le rapprochant de notre *Historiette*, il justifie parfaitement la méchante opinion que des Réaux avait du personnage. Des Réaux a, pour ainsi dire, flatté ce portrait. C'était, on peut l'affirmer après l'avoir entendu lui-même, un insigne fripon, fort capable d'avoir conçu le projet d'empoisonnement que l'historiette nous révèle. Je ne puis guère ici faire connaître les préliminaires de l'*Itinéraire* ; c'est un amas de raffinements d'obscénités, qui sembleraient assez à leur place dans les imaginations de l'infâme marquis de Sade. Bouchard y prend le nom d'Oreste et donne à ses parents les noms d'Agamemnon et de Clytemnestre. La seule réserve dont il se pique est d'employer l'alphabet Grec pour tous les noms propres et toutes les sales expressions de son livre. A l'occasion d'une petite vachère qu'il avait débauchée, il revient sur sa vie de collège, sur tous les désordres infâmes auxquels il s'était livré dès lors, et sur l'influence que ces désordres eurent sur son caractère et ses habitudes. Il raconte ses étranges amours avec une femme de chambre de sa mère et le soin qu'il prit de lui ôter tout sentiment de religion.

Bouchard avait mis dans sa complicité sa propre sœur, Henriette, qu'il appelle Eromène, et qui fut plus tard deux fois mariée, la première fois à Gaspard du Lac de Chemerolles, s^{r} de Courbanton ; la seconde à Charles de Saint-Quentin, gouverneur de Bourbourg (*Cabinet des Titres*). A la fin, la pauvre Allisbée, maîtresse et victime de cet affreux impuissant, fut définitivement chassée, et, pour la revoir, Bouchard emprunta une petite maison que L'Huillier, son intime ami, possédait au faubourg Saint-Germain [1], et qui lui servait à loger son bon maître Gassendi et à mener quelquefois des dames. Il sortit enfin de chez ses parents de son propre mouvement et, dit-il, à la suite d'une querelle avec sa mère. Il raconte alors comment il fit un faux contrat de mariage ; comment, pour se venger de celle qui avait découvert le secret de leurs amours, il lui vola quinze ou vingt pistoles. « Il sçavoit, dit-il, que c'estoit la fille la plus avaricieuse du monde et qu'elle estoit occupée depuis quatorze ou quinze ans à faire un petit pécule ; il crut donc ne pouvoir luy faire un plus grand mal, *outre le bien qui luy en reviendroit*, que de le luy oster. »

1. A. Bonneau croit plutôt que la petite maison était située à la Chapelle-Saint-Denis.

Ce fut là le dernier exploit de Bouchard avant son départ pour Rome. En route, il donna plusieurs preuves d'insigne lâcheté ; mais cela n'empêche pas son voyage d'être fort intéressant pour se former une idée de la façon dont voyageaient les gens de la classe moyenne en ce temps-là. Dans les lettres qu'il écrit de Rome à Peiresc, on voit qu'il le prie de lui envoyer un certificat de bonne vie et mœurs qui, dit-il, pourra lui servir à obtenir quelque évêché. Cela revient parfaitement à ce que des Réaux nous dit à la fin de son historiette ; sans doute il avait vu Bouchard à Rome.

Ce monstre a pourtant fait l'éloge d'un homme de bien qui l'avait convenablement reçu, de Peiresc. Il prononça cet éloge dans l'Académie des Humoristes, et on l'a inséré dans le *Panglossia* dont des Réaux a parlé plus haut et qui fut imprimé au Vatican.

Alcide Bonneau

Résumé de la vie de Jean-Jacques Bouchard

d'après les lettres de Peiresc
et la correspondance de Chapelain

Bouchard était né à Paris, probablement le 30 Octobre 1606. Son père, si toutefois il tint boutique d'apothicaire, comme le veut Tallemant, avait dû s'enrichir dans ce commerce, car il acheta une place de secrétaire du Roi [1], ce qui permit au fils de se croire noble pour tout de bon.

L'apothicairerie du père n'est pas autrement prouvée : elle n'aurait rien pourtant de surprenant, étant donnée la

Traducteur et polygraphe infatigable, Alcide Bonneau (1836-1904) fut, entre autres choses, l'un des collaborateurs de Pierre Larousse pour le Grand Dictionnaire. Si l'on en croit la bibliographie d'Isidore Liseux, établie par Patrick J. Kearney, Bonneau ne publia pas moins de trente-neuf volumes chez cet éditeur en l'espace de seize ans (1876-1892). Éditeur ou traducteur de l'Arétin, de Boccace, du Pogge et de Restif, il republia aussi l'*Advis pour dresser une bibliothèque* de Gabriel Naudé, l'ami de Bouchard (1876). Mais ses traductions du *Manuel d'érotologie classique* de Forberg (1832), de la *Cazzaria* de Vignale (1882) ou du *Socrates sanctus Paiderastes* de J.M. Gestner (pudiquement rendu par *Socrate et l'amour grec* (1877) en feraient plutôt la discrète mais respectable préfiguration d'un Pascal Pia.

1. Bouchard parle d'une commission que son père « lui avoit donnée depuis quelque temps au conseil du Roy, pour vendre certains offices de clercs d'audiance de nouvelles créations », et il fait mention de l'argent que ce petit trafic lui avait rapporté. Plus tard, passant par Aix-en-Provence, lors d'une émeute causée par l'installation des Élus, il se félicite, avec sa crânerie habituelle, d'avoir changé son nom de Bouchard en celui de Fontenay, car, dit-il, « si l'on eust su à Aix qu'il estoit le fils d'*Agamemnon,* lequel avoit pris le parti des Eslus, et les avoit establis l'esté précédent en cette province, qui se voulait aussi rebeller lors à l'imitation de la Provence, le peuple l'eust assurément deschiré et mis en pièces ».

curiosité singulière que Jean-Jacques Bouchard manifeste en maintes rencontres pour les recettes pharmaceutiques, les drogues curatives et préservatives, les herbes de toutes sortes, dont il sait les noms et les vertus réelles ou imaginaires. La plus belle recette, il se la fait communiquer par un évêque à son départ pour l'Italie, où la fâcheuse réputation des femmes pouvait la rendre de quelque utilité ; il en dérobe une autre de non moindre importance à un barbier, dont il lacère dans ce but un vieux grimoire en lettres Gothiques, ayant, comme Panurge, un dangereux penchant à s'approprier le bien d'autrui « par façon de larrecin furtivement faict ».

Pour ce qui est de la chaumière de Fontenay-aux-Roses, dont Tallemant se moque avec si peu de charité, nous prenons là le médisant chroniqueur en flagrant délit de dénigrement systématique. Dans cette bicoque, la famille Bouchard mène un train de princes : il y a un carrosse pour l'y mener en villégiature, deux grands coquins de laquais au moins, dont un attaché au service particulier du sévère Agamemnon ; plusieurs filles de chambre : celle de Madame, la hautaine Clytemnestre, celle de la belle cousine Arthénice ; une « tapissière », une vachère, une femme de charge qui surveille et gouverne tout ce nombreux personnel ; sans compter quelques petits valets, qui sont peut-être des marmitons, avec lesquels Bouchard fils, en ses vertes années, s'émancipe assez gaillardement. Notons que les Bouchard ont en outre un hôtel à Paris[1].

1. Probablement dans le quartier actuel du Panthéon, ce qui aura donné plus tard au jeune homme l'idée de s'appeler Fontenay-Sainte-Geneviève.

Voilà, ce nous semble une maison montée sur un pied respectable, tel qu'il convenait à un secrétaire du Roi.

Tout son manuscrit[1] a ce caractère original de sincérité nue, le *Voyage* comme les *Confessions.* L'*Itinéraire*, suite de notes prises jour par jour, est un des rares documents propres à nous faire connaître l'aspect d'une partie de la France, en 1630, et comment on voyageait au XVIIe siècle, quand on n'était pas un grand seigneur ; il est aussi fort curieux en ce qu'il achève de nous peindre son trop véridique auteur. Bouchard fait la plus grande partie de la route à cheval, à la suite d'un messager. De petit abbé[2] devenu gentilhomme, sa casaque relevée de passements d'or, l'épée au côté, il prend le nom de sieur de Fontenay, et se donne volontiers, à table d'hôte, comme une fine lame. Bien vite deviné par ses compagnons de route, un jeune Parisien, un Polonais, un mercier de Lyon, un avocat de Draguignan, un page de Monsieur, frère du Roi, dont il nous crayonne sur le vif les portraits, il poursuit dès lors son chemin en recevant continuellement des avanies, qu'il endure sans souffler mot. Le Parisien surtout devient son persécuteur, lui rembourre avec des cailloux la selle de son cheval, l'y colle avec un paquet de poix, se moque de lui de toutes les façons. L'impassible Bouchard prend ses notes et fait le mort, par la raison péremptoire que s'il

1. Qui comprend, outre les *Confessions,* un *Voyage de Paris à Rome.*

2. En fait de titres ecclésiastiques, Bouchard ne mentionne que ses lettres de tonsure, et ce postulant à tous les évêchés de France et de Navarre ne paraît pas en avoir eu d'autres ; au cours de son voyage, il parle quelquefois d'aller entendre la messe, mais on ne voit pas qu'il l'ait jamais dite.

avait paru s'apercevoir de quelque chose, il aurait fallu se fâcher et recevoir peut-être un mauvais coup. Il se console en la compagnie du petit page. Qui donc a osé incriminer les mœurs de Gaston, duc d'Orléans, et représenter sa Cour comme si dangereuse, surtout pour les pages ? Bouchard donne ici aux calomniateurs un démenti complet ; on verra, au contraire, par quelles précautions charitables ce bon prince savait prévenir de semblables désordres. Le Parisien parti, Bouchard trouve moyen de se ménager un espoir de vengeance, en rapportant au page certains propos qui ne manqueront pas de mettre les deux hommes l'épée à la main et de les faire se battre à mort, si jamais ils se rencontrent. N'est-ce pas bien là l'homme d'Eglise ? Une vue sommaire et assez peu avantageuse de Lyon, la descente du Rhône en bateau, un tableau pittoresque de la Provence, d'Aix et de Toulon, la visite à Peiresc, page d'un grand intérêt biographique, une curieuse description des exercices des forçats et de la structure des galères, où les gens de mer relèveront sans doute des particularités très inconnues, la traversée de Marseille à Cività Vecchia, signalée par une tempête, la quarantaine subie à leur arrivée par les passagers, et dont le récit est plein d'amusants détails, tels sont les points les plus saillants de ces impressions de voyage : le tout entremêlé d'épisodes plaisants, de querelles d'hôtellerie, de légers croquis tracés au courant de la plume, sans la moindre prétention au style.

Notons que, durant la tempête, Bouchard a si bien le tempérament d'un observateur, qu'il en oublie sa couardise habituelle pour voir de plus près comment tout se passe et noter la peur sur le visage des autres. A la fin de la quarantaine, quand tous ne se préoccupent que de partir et que personne ne veut payer, il s'entremet, se fait le négociateur, et se tire, en fin de compte, non sans adresse, lui et ses compagnons, d'une situation sans issue : il aurait fait un excellent diplomate.

La suite de ses aventures et son séjour à Rome, où il éprouva encore plus de déboires que pendant son voyage, nous sont connus par ses lettres aux frères Du Puy et à Peiresc, la correspondance de Chapelain, les *Lettres familières* de Balzac. Il n'était pas venu en simple touriste, pour contempler les monuments de la Ville éternelle, mais bien pour tâcher d'obtenir, comme son frère Hullon, quelque bon bénéfice de six ou huit mille livres de rente. Après y avoir passé deux ou trois années sur lesquelles nous n'avons pas de renseignements, sauf qu'il fit à Naples un voyage dont il a également écrit la relation [1], il entra d'une manière active dans son rôle de solliciteur. Recommandé par Chapelain au comte de Fiesque, par Peiresc au duc de Créqui et au comte de Noailles, il avait songé d'abord à se faire attacher à l'un ou l'autre de ces personnages, successivement ambassadeurs au Vatican : rien ne vint. Il crut un moment tenir une bonne place de bibliothécaire chez le cardinal Francesco Barberini, autre ami de Peiresc : Son Eminence,

1. Ce manuscrit, trois fois plus volumineux que les *Confessions* et le *Voyage de Paris à Rome* réunis, est à la bibliothèque de l'École des beaux-arts.

toute réflexion faite, lui préféra un marmiton ! Bouchard se jeta dans l'étude, les recherches érudites, pour lesquelles il avait un goût particulier. Peiresc travaillait alors à un grand ouvrage sur les poids et mesures chez les Anciens ; il se mit à dépouiller à son intention la bibliothèque du Vatican, à copier ou faire copier pour lui une multitude de manuscrits [1], en même temps que pour son propre compte il élaborait une édition et une traduction d'anciens chronographes, George le Syncelle et Théophane de Byzance. Une de ses lettres nous met au courant de ses travaux et aussi de ses démarches :

Il y a trois ou quatre mois que je portay par commandement de Monseigneur le Cardinal Barberini, ma version de Théophanes au Pape, qui me fit l'honneur de l'approuver, jusques-là qu'il daigna employer quelques heures à la lecture de ce livre, ensuite de quoy, m'ayant dit qu'il vouloit absolument qu'il s'imprimast, il me demanda si j'avois quelque bénéfice vacant en Bretagne et que de plus il vouloit faire escrire à Monseigneur Mazarin qu'il me procurast de delà en France quelque chose d'avantageux, sçachant bien, ajouta-t-il, qu'il ne nous vient plus rien icy de France dont nous puissions gratifier les personnes de mérite qui sont en cette Cour. Sur quoy, ayant

1. « Dans le registre V de la collection Peiresc, à Carpentras, on lit, au sommet du folio 199, ces mots, tracés par le reconnaissant correspondant de Bouchard : *Excerpta de ponderibus et mensuris, ex Bibliotheca Vaticana. Exscribi curavit et contulit cum manuscriptis antiquis Dominus Bocardus, et Aquas Sextias transmisit XI Febr. 1634.* Les extraits forment un cahier de 74 feuillets in-folio, chiffrés 199-272. » (*Note de M. Tamizey de Larroque.*)

remercié Sa Sainteté, je la suppliay très humblement de trouver bon que, lorsque l'occasion s'en présenteroit, je pusse me prévaloir de la recommandation qu'il luy plaisoit m'offrir auprès de Monsieur Mazarin. Ensuite je fus rendre compte de tout ce qui s'estoit passé à Son Eminence, qui me fit la faveur de me confirmer tout ce que le Pape m'avoit promis, y ajoutant encore quelques offres de son costé. A un mois de là, estant vaqué un canonicat de Dol en Bretagne, Son Eminence m'en voulut gratifier suivant la grâce du Pape ; mais M[r] *le Cavalier del Pozzo, qui est la personne à laquelle après vous, Monsieur, j'ay le plus d'obligation, ne me conseilla pas de l'accepter, à cause de cet Edit de résidence que l'on fait aujourd'hui garder avec tant de rigueur, que Son Eminence a contraint mesme de ses gens à y aller. Je fus donc remercier Son Eminence de cette grâce, que j'estimois infiniment, mais que je ne croyois pas devoir accepter, puisqu'elle pourroit m'obliger à quitter un jour son service, et que si j'étois si malheureux un jour qu'il falust que j'en fusse banni, je ne doutois point que Son Eminence n'eust assés de bonté et d'authorité pour m'envoyer à un exil honorable, comme elle a fait M*[r] *Suarès et trois autres de ses gentilshommes. A cela, Elle me respondit qu'elle l'auroit fait très volontiers, mais qu'elle n'en avoit aucun moyen, si ce n'estoit de me donner quelque titre* in partibus, *n'y ayant point d'Evesché en France dont Sa Sainteté disposat.* (À Peiresc, le 4 avril 1636.)

Un évêché, *in partibus* ou ailleurs, voilà en effet ce que voulait Bouchard, ni plus ni moins, et ce qui le rendait si difficile. Il raconte ensuite les conférences qu'il a eues à ce sujet « avec le Père Charlot, Père assistant en France des Pères Jésuites », lequel lui a promis de gagner le Confesseur du Roi ; il a obtenu de Barberini une lettre à ce Confesseur, le Père Gourdon ; il a lui-même écrit à Mazarin et il a reçu de Bois-Robert, pour le Cardinal de Richelieu, une lettre où on lit en propres termes : « *Aux premières occasions qui s'offriront, nostre maistre sera bien ayse de contribuer quelque chose de son crédit et de son authorité, pour accomplir le dessein que vous avez de votre prélature* ». Il supplie Peiresc de tenir le tout secret, de peur d'une contremine, ne se dissimule pas que « *c'est une affaire de plusieurs années* », mais que si le savant Provençal veut bien l'appuyer, « *en France, à Rome, partout* », il en sortira à son honneur. Une autre de ses lettres est encore plus pressante.

Le Père Gordon, Confesseur du Roi, qui me fait la faveur d'avoir beaucoup de bonne volonté pour moy et qui a desjà jetté quelques fondements auprès du Roi et de Monseigr le Cardinal-Duc pour l'affaire des Eveschés, *m'a escrit par ce dernier ordinaire, que je luy envoyasse un* certificat *de quelque personnage dont la qualité, la vertu et le mérite fust connu ; par lequel il fist foi comme j'estois capable de toutes sortes de bénéfices et particulièrement d'Eveschés, tant pour la qualité et l'âge, que pour la bonté de vie et de doctrine, et me promet qu'ayant cette pièce en main, il se fait fort de me faire réussir quelque bonne affaire pour moi. Comme je ne connois personne qui ait toutes les conditions que le Père demande en degré si éminent que vous, Monsieur, et qui m'ait fait la faveur de se hazarder à me prester des louanges si excessives et des témoignages si fort au-delà de ce que je vaux auprès des grands, comme il vous a plu faire auprès du Cardinal Barberini et autres personnages de marque en cette Court : aussi vous ai-je voulu communiquer ceci premièrement qu'à tout autre, pour prendre vostre avis et vos ordres là-dessus ; car de vous prier qu'il plaise faire cette attestation pour moy, mon peu de mérite me fait craindre que ce ne fust vouloir engager vostre réputation et faire tord à l'estime que l'on fait partout très grande de vostre jugement et prudhomie. Néanmoins, quand je considère d'un autre costé vostre extreme générosité et vostre bonté excessive, j'espère obtenir de vous tout ce que vous jugerez estre dans les termes de l'honnesteté et de la bienséance, dans lesquels je proteste aussi restreindre toutes mes prières.* (À Peiresc, 6 février 1637.)

Peiresc envoya-t-il le certificat demandé ? C'est assez probable, mais Bouchard n'en fut pas plus avancé. Peiresc mourut d'ailleurs peu de temps après, et le solliciteur n'eut plus à compter que sur le grand dispensateur des grâces, messire Jean Chapelain.

Chapelain n'était pas trop mal disposé à son égard ; voici en quels termes il en parlait vers cette époque à son ami Balzac :

Le François Romain qui vous a paru sous le nom de J. Jacobus Bucardus[1] *s'appelle Fontenai-Bouchard, et est frère de mère de Mr Hullon, sçavantazze ou pédant que vous avez veu chez M^r^ Du Puy. Il est de ma connoissance depuis douze ans, a l'esprit plaisant, sçait à la perfection les langues et les autheurs de l'antiquité, et, pour l'Italienne, il vaut mieux que beaucoup de Florentins mesmes. Il a traduit la* Congiura de Fieschi[2], *qu'il doit dédier à M. le Cardinal ; j'ay peur pour son François despaysé. Il est très galant homme et peut être aymé.* (Janvier 1638.)

L'illustre auteur de la *Pucelle* n'aurait peut-être pas demandé mieux que de le pousser à l'Académie Française, comme il le lui offrit, sérieusement ou non, et de lui procurer quelque pension sur la cassette. Mais l'histoire des évêchés, qu'il vint à savoir, le refroidit.

Il écrivait à Balzac :

Mr Bouchard est entré en tentation, comme je vous l'ai mandé, et en méditant une place à l'Académie il a médité au moins un Evesché. Cet air de Rome est des plus contagieux pour les plus déterminés philosophes ! (20 juin 1638.)

1. Bouchard avait envoyé à Balzac, ainsi qu'à Chapelain, son Éloge latin de Peiresc : *Laudatio funebris Claudii Fabri Peirescii, Senatoris Aquensis, a Joanne Jacobo Buccardo, Parisino (*Venise, 1638, in-4).

2. Ouvrage assez estimé de Mascardi, camérier d'honneur d'Urbain VIII. Bouchard donna sa traduction sous le nom de Fontenay-Sainte-Geneviefve ; elle est dédiée au cardinal de Richelieu.

Balzac faisait chorus :

Que veux dire Fontenay Sainte-Genevie∫ve ? Est-ce nom de seigneurie ou de guerre ou de mystère ? J'ay peur que les rieurs ne seront pas de son costé ou qu'il se pourra faire quelque épigramme in Polyonymum *qui le rebustera de notre Cour et luy dira sur le sujet de ses prétentions en l'Eglise, qu'on n'a garde de donner de titre à un homme qui en a pris déjà plus d'une douzaine et qui s'érige lui mesme en ce qui luy plaist... Nostre homme de Rome change son nom en autant de sortes que Tabarin changeoit son chapeau !*

Chapelain, qui se pique d'esprit, lui répond que Fontenay est un village des environs de Paris, « lequel se distingue des autres Fontenays par l'*aggiunta* les Roses », et que ce personnage « a pris ce nom, superinduit par grandeur à celui de Bouchard, lorsqu'il fit le voyage à Rome ». Pour Sainte-Geneviefve, « c'est quelque nouveau desguisement dont l'étymologie lui est inconnue ». (17 septembre 1639.)

Sur ce, Bouchard avait eu une idée qui acheva de le perdre. C'était d'utiliser feu Peiresc et de tâcher que le mort lui devînt de plus de profit que le vivant. Il entreprit d'ériger à la mémoire de son ami défunt, dont le monde lettré regrettait la perte, un Tombeau monumental, de faire confectionner un recueil de vers à sa louange dans toutes les langues parlées sur la surface entière du globe. C'est le fameux *Monumentum Roma-*

num Nicolao Claudio Fabricio Peirescio, Senatori Aquensi, doctrinae virtutisque causa factum (Rome, *typis Vaticanis,* 1638, in-4°), qui se compose de l'Éloge Latin de Peiresc, par Bouchard, et d'une *Panglossia* ou suite de quarante-six pièces en Hébreu, Syriaque, Persan, Géorgien, Arménien, Éthiopien, Slavon, Copte, Russe, Polonais, Albanais, Japonais, Péruvien, etc., etc. Il comptait ainsi étonner l'univers et, mis en évidence par ce coup d'éclat, obtenir son petit évêché. Ses bons amis de France, qui ne craignaient rien tant que de le voir réussir, creusèrent une contre-mine, éventèrent la mèche : Bouchard n'y gagna que d'être livré par eux au ridicule. Chapelain, avant de recevoir le livre, commence par l'en plaisanter sur le ton d'une fine raillerie :

Si vous estes demeuré dans les langues générales, je ne sçay où vous avez trouvé des gens qui parlent et riment en Moscovite, Tartare, Japonais, Mexicain et Péruvien. J'ay peur que vous n'y ayez employé tous les dialectes de l'Italie et que vous ne m'ayez apresté à lire et à deschiffrer en des vers et des idiomes que Panurge ne sçavoit pas. (À Mr Bouchard, 6 janvier 1639.)

Toutefois, le livre reçu, il fait semblant d'en être émerveillé et félicite chaudement son auteur :

Vostre Panglossie, *ce dessein généreux de célébrer la vertu de Mr Peiresc en toutes les langues connues, m'a piqué l'âme, et donné une estincelle de chaleur à ma veine refroidie. Il seroit honteux à nostre nation que la magnanime Italie eust bien voulu glorifier un François par tant de démonstrations d'estime, et que les François mesmes eussent négligé de l'honorer. J'ay voulu sauver mon pays de ce reproche...* (À Mr Bouchard, 26 juillet 1639.)

Il y va donc de son petit sonnet, s'arrangeant néanmoins de façon qu'il ne pût paraître dans la *Panglossie*. Mais il écrit à Balzac :

À quoi songe le seigneur Jean-Jacques avec son espouvantable titre de Panglossie ? *Pour aller jusqu'à quarante, il faut qu'il y en ait vingt-trois que Scaliger ignoroit.* » (Balzac à Chapelain.)

« *Je fus aussy espouvanté que vous au premier éclat de ce tonnerre de* Panglossie, *et je luy refusay mon consentement* » (d'insérer le fameux Sonnet) « *dans l'opinion que son autheur auroit fait quelque grande disparate dans ce recueil dont il me donnoit avis... Le seigneur Panglottiste, à vous dire le vray, est un courtisan Romain qui fait le pantomime et se met en toutes postures pour plaire et pour parvenir. Il a fait venir un mal de cœur estrange aux Muses Putéanes*[1] *depuis qu'il les a sollicitées publiquement et effrontément de travailler de deçà auprès de Son Eminence pour le faire couvrir d'une mitre et armer de quelque bon pastoral.* » (Chapelain à Balzac.)

1. Les frères Du Puy.

« *Les Muses Balzacides n'en sont pas moins desgouttées que les Putéanes. Que je suis mal édifié du Parasite Italien* ! » (Balzac à Chapelain.)

Toute cette panglossie est une happelourde pour faire beaucoup de bruit à peu de frais et donner de la réputation à son auteur parmi les Suisses et les Bergamasques. C'est saltimbanquer et jouer des gobelets que de prendre ces voyes extraordinaires pour faire parler de soy et aller à ses fins. » (Chapelain à Balzac.)

Cela n'empêcha pas Balzac d'écrire en ces termes au Parasite Italien, qui lui avait envoyé quelques bribes des travaux de son ami Holsteinius :

À Monsieur l'Abbé Bouchard.

Monsieur,

« *Je ne doute point des grandes richesses de M. Holstenius, je me plains seulement de son bon mesnage. Que sert l'abondance sans la libéralité, qu'à faire changer de nature au bien et à resserrer ce qui veut s'espandre ? Il faudroit qu'il possédast moins ou qu'il donnast davantage : et quoy que je sçache qu'il amasse pour la Postérité, et qu'il enrichira nos Neveux, il me semble qu'il ne devroit pas cependant nous déshériter, ni garder la meilleure partie de sa gloire pour un Avenir qu'il ne verra point. Soyez donc nostre Solliciteur auprès de sa docte Seigneurie, et dites-luy de la part de tous les Grecs et de tous les Latins de ce Royaume, que nous avons droit sur ses papiers, et qu'il est plus obligé d'instruire son Siècle que celui des autres. N'estant pas de ces stériles, qui couvent toujours les bibliothèques, sans jamais rien engendrer, on s'attend qu'il naisse quelque chose de grand de la longue communication qu'il a eue avec celle du Vatican. J'ay receu ce que vous m'avez fait la faveur de m'envoyer de sa part. C'est de la pourpre et du brocatel, je le vous avoue ; mais ce n'est qu'un échantillon, et il n'y en a que pour habiller une poupée : j'en voudrois pour faire un ameublement et je demande les pièces entières. Je suis, Monsieur, vostre, etc. De Balzac, le 14 mars 1640.*

Au fond, Balzac et Chapelain avaient eu peur un moment que la *Panglossie* n'attirât trop les regards de Richelieu sur son auteur et ne lui valût au moins quelque bon mandat sur la caisse des gratifications, qu'il ne tondît de ce pré la largeur de sa langue. Ils se rassurèrent, par cette considération très simple que Balzac suggérait à son inquiet compère : « *M*[r] *le Cardinal souffre volontiers les panégyriques et il en paye quelques-uns, mais il n'a que faire d'oraison funèbre pour des gens qui ne le touchent en façon quelconque* » (Balzac à Chapelain, 15 décembre 1639). Bouchard en fut donc pour ses frais et continua de ne toujours rien voir venir. Peu de temps, au reste, le séparait du terme de sa vie et de ses tribulations. Il s'était brouillé avec le Cardinal Barberini, chez lequel il occupait une modeste place de secrétaire des Lettres Latines. On négocia un accommodement et Chapelain (Lettre à Balzac, 15 janvier 1640) nous apprend que la paix se fit « à condition qu'il vuideroit Rome et viendroit garder nostre frontière en qualité de chanoine de Verdun ».

Bouchard refusa sans doute ce canonicat, comme il avait refusé le bénéfice de Dol en Bretagne. Reçut-il des coups de bâton pour s'être mêlé de la querelle de l'ambassadeur de France avec le pape Urbain VIII ? Un passage d'une lettre d'Henri Arnault à Barillon, du 18 mai 1641, relevé par M. Paulin Paris, confirme cette bastonnade : « Il y a décret à Rome contre un nommé Le Prevost, qui est à Mr le Maréchal d'Estrées, et qui est soupçonné d'avoir battu Boucard (*sic*) ». Ce passage détruit en même temps l'assertion de Tallemant, qui fait mourir Bouchard en 1640 ; mais on ne voit pas bien comment il indiquerait nécessairement 1642, ainsi que le veut M. Paulin Paris, pour date de cette mort. On lit, d'autre part, dans le *Chevaneana ou Fragment de Mélanges de Mr Jacques-Auguste de Chevanes*, que Bouchard « mourut à Rome, de regret de n'avoir pu obtenir la place de secrétaire du Conclave, parce qu'il ne put avoir l'agrément de l'Ambassadeur de France ».

Aldous Huxley

Bouchard expérimentateur

Dans sa relation autobiographique d'une enfance et d'une jeunesse du XVIIe siècle, Jean-Jacques Bouchard, contemporain cadet de Grandier, nous a laissé un document d'une objectivité si clinique, si totalement dénué de toute expression de regret, de toute espèce de jugement moral, que les érudits du XIXe siècle n'ont pu le publier qu'à titre privé, sans le mettre dans le commerce, et avec des commentaires vigoureux sur l'indicible dépravation de l'auteur. Pour une génération nourrie de Havelock Ellis et de Krafft-Ebing, de Hirschfeld et de Kinsey, le livre de Bouchard ne paraît plus outrancier. Mais bien qu'il ait cessé de scandaliser, il faut bien qu'il étonne encore. Car il est vraiment surprenant de voir un sujet de Louis XIII écrire au sujet des formes moins avouables de l'activité sexuelle dans le

On trouvera une nouvelle preuve de l'extraordinaire curiosité d'esprit, de la culture et de la justesse d'analyse d'Aldous Huxley dans ces lignes, écrites dans les années cinquante, alors qu'aucune édition de Bouchard ne circulait, qui ont le mérite supplémentaire de rappeler dans quel contexte social et culturel furent écrites les pages incandescentes des *Confessions* (Aldous Huxley, *The Devils of Loudun*, Londres, 1952 ; tr. fr. : Jules Castier, Paris, Plon, 1971). Le titre du passage est de l'éditeur.

style tout uni et terre à terre d'une moderne « college girl » répondant au questionnaire d'un anthropologue, ou d'un psychiatre relatant l'histoire d'un « cas »[1]. Descartes était de dix ans son aîné ; mais, bien avant que le philosophe eût commencé à pratiquer la vivisection sur ces automates tordus de douleur auxquels le vulgaire attache les noms de chien et chat, Bouchard exécutait une série d'expériences psycho-chimico-physiologiques sur la femme de chambre de sa mère. La jeune fille, lorsqu'elle commença à lui prêter quelque attention, était pieuse et presque agressivement vertueuse. Avec la patience et la perspicacité d'un Pavlov, Bouchard reconditionna ce produit de la foi implicite de telle sorte qu'elle finit par devenir une adepte de la Philosophie Naturelle aussi disposée à servir d'objet d'observations et d'expériences qu'à entreprendre des recherches pour son propre compte. Sur la table de chevet de Jean-Jacques étaient empilés une demi-douzaine d'in-folio sur l'anatomie et la médecine. Entre deux rendez-vous, ou même entre deux caresses expérimentales, ce bizarre précurseur de Ploss et de Bartels ouvrait son *De generatione*, son Fernelius ou son Ferandus, et consultait le chapitre, la division, et le paragraphe congrus. Mais, à la différence de la plupart de ses contemporains, il ne

1. Pendant tout ce temps, on faisait des efforts spasmodiques pour assurer la « respectabilité ». Par exemple, en 1624, le révérend René Sophier fut déclaré coupable d'avoir commis un adultère dans une église, avec la femme d'un magistrat. Le lieutenant criminel du Mans le condamna au gibet. L'affaire fut portée en appel par-devant le parlement de Paris, qui le condamna à être brûlé vif au lieu d'être pendu. (N. de A. Huxley.)

voulait rien accepter par voie d'autorité. Lemnius et Rodericus a Castro avaient beau dire ce qu'il leur plaisait au sujet des propriétés étranges et alarmantes du sang menstruel ; Jean-Jacques était résolu à voir par lui-même s'il était effectivement susceptible de faire toutes les choses qu'on lui attribuait. Secondé par la chambrière à présent consentante, il effectua une succession d'essais pour constater seulement que, de temps immémorial, les philosophes et les théologiens avaient parlé de ce dont ils ignoraient le premier mot. Le sang menstruel ne tuait point l'herbe, ne ternissait point les miroirs, ne flétrissait point les boutons de vigne, ne dissolvait point l'asphalte, et ne produisait point de taches de rouille indélébiles sur une lame de couteau. La science biologique perdit un de ses chercheurs les plus riches en promesses, lorsque, pour éviter d'épouser sa collaboratrice et *corpus vile*, Bouchard quitta précipitamment Paris afin de chercher fortune à la cour papale. Tout ce qu'il demandait, c'était un épiscopat *in partibus*, ou même, au pis aller, en Bretagne — quelque petit bénéfice sans prétention, de six ou sept mille livres par an ; rien de plus. (Six mille cinq cents livres : tel était le revenu que tirait Descartes du placement judicieux de son patrimoine. Ce n'était point princier ; mais du moins cela permettait-il à un philosophe de vivre en « honnête homme ».) Le pauvre Bouchard n'obtint jamais de bénéfice. Connu de ses contemporains exclusivement comme le ridicule auteur d'une *Panglossia*, ou recueil de vers en quarante-six langues, y compris le copte, le péruvien et le japonais, il mourut avant d'avoir atteint la quarantaine.

Le nouveau curé de Loudun était trop normal et avait trop d'appétit pour songer à faire de son lit un laboratoire. Mais, comme Bouchard, Grandier était le rejeton d'une respectable famille bourgeoise ; comme Bouchard, il avait fait ses études dans un pensionnat religieux ; comme Bouchard, il était intelligent, instruit et humaniste enthousiaste ; et, comme Bouchard, il espérait faire une carrière brillante dans l'Église. Du point de vue mondain et culturel, sinon pour ce qui est du tempérament, les deux hommes avaient beaucoup de choses en commun. Partant, ce que Bouchard a à dire de son enfance, de ses années d'école et de ses divertissements de vacances à la maison peut être considéré comme un témoignage indirect relatif à Grandier.

Le monde révélé par les *Confessions* ressemble fort au monde qui nous est révélé par les sexologues modernes — mais, s'il se peut, légèrement exagéré. Nous voyons le menu fretin se livrer aux jeux sexuels — s'y livrer librement et fréquemment ; car il semble que les adultes se soient singulièrement peu mis en travers de leurs activités. À l'école, sous la direction des bons pères, il n'y a pas de sports fatigants, et l'excès d'énergie des élèves ne peut trouver d'exutoire que dans la masturbation incessante et la pratique, lorsqu'il y a un après-midi de congé, de l'homosexualité. Les causeries éducatives et l'éloquence de la chaire sont, dans une légère mesure, des influences modératrices. Bouchard rapporte que, lors des quatre grandes fêtes religieuses, il s'abstenait de ses pratiques sexuelles habituelles pendant des périodes atteignant huit ou dix jours d'affilée. Mais, malgré tous ses efforts, il ne réussit jamais à prolonger ces périodes intérimaires de chasteté jusqu'à une quinzaine entière, « quoy que la dévotion le gourmandast assez ». Dans tout ensemble de circonstances donné, notre conduite effective est représentée par la diagonale d'un parallélogramme de forces ayant pour base notre appétit ou notre intérêt, et pour hauteur nos idéals éthiques ou religieux. Chez Bouchard, et, on peut le supposer, chez les autres garçons qu'il cite comme ses compagnons de plaisir, la hauteur dévotionnelle était si courte que l'angle de la base et de la diagonale de la conduite manifeste n'était que de fort peu de degrés.

Lorsqu'il était chez lui pour les vacances, les parents de Bouchard lui assignaient une chambre à coucher commune avec une chambrière adolescente. Cette fille était toute vertu lorsqu'elle était à l'état de veille, mais ne pouvait évidemment pas être responsable de ce qui se passait lorsqu'elle était endormie. Et, suivant son système personnel de casuistique, peu importait qu'elle fût vraiment endormie ou qu'elle feignît simplement de l'être. Plus tard, quand les années scolaires de Jean-Jacques furent terminées, il y eut une petite paysanne qui gardait les vaches dans le verger. Moyennant un sou, elle était disposée à accorder toutes faveurs que pouvait exiger son jeune maître. Une autre servante encore, qui était partie parce que le demi-frère de Bouchard, le prieur de Cassan, avait essayé de la séduire, reprit à présent du service dans la famille, et ne tarda pas à devenir le cobaye et la collaboratrice de Jean-Jacques dans les expériences sexuelles décrites dans la seconde moitié des *Confessions*.

Le Promeneur a publié

J.R. Ackerley
Tout le bien du monde

Peter Ackroyd
Chatterton
L'Architecte assassin
Premières lueurs
La Mélodie d'Albion
La Maison du docteur Dee

Anonyme
Véritable vie privée du Maréchal de Richelieu

Alberto Arbasino
Paris, ô Paris

Sybille Bedford
Puzzle
Un héritage

Jean-Jacques Bouchard
Confessions

Piero Camporesi
La sève de la vie
Les belles contrées

André Chastel
La grottesque

Peter Clayton et Martin Price
Les Sept Merveilles du monde

Giovanni Comisso
Jeux d'enfance
Les ambassadeurs vénitiens
Les agents secrets de Venise
Au vent de l'Adriatique

Cyril Connolly et Peter Levi
Meurtre au Gassendi Club

Vincenzo Consolo
Le Retable
Lunaria
La Blessure d'avril
Les Pierres de Pantalica

Marcia Davenport
Les frères Holt

Thomas De Quincey
Les Césars

Claude-Joseph Dorat
Les Sacrifices de l'amour

Norman Douglas
Le pays des Sirènes
Vent du sud

Florence Dupont
L'insignifiance tragique

Deborah Eisenberg
Petits désordres sans importance
Transactions dans une monnaie étrangère

Daniel Farson
Francis Bacon, aspects d'une vie

Patrick Leigh Fermor
Les violons de Saint-Jacques

Sergio Ferrero
Hors saison

Ennio Flaiano
Journal nocturne
Autobiographie du Bleu de Prusse
La solitude du satyre

Carlo Emilio Gadda
Le Temps et les Œuvres

Angelica Garnett
Les deux cœurs de Bloomsbury

Friedrich Glauser
L'inspecteur Studer
Les premières affaires de l'inspecteur Studer
Studer et l'affaire du Chinois
Krock & Co.
Studer et le caporal extralucide
Le thé des trois vieilles dames
Le royaume de Matto
Morphine
Gourrama

Edmond et Jules de Goncourt
Histoire de la société française pendant le Directoire

Frank Gonzales-Crussi
Trois cas de mort soudaine

Jean Henry
Journal d'un voyage à Paris en 1814

Franz Hessel
Le dernier voyage

Philippe Jullian
Les styles

Molly Keane
Amours sans retour
Chassés-croisés
Les Renards de pierre

Heinrich von Kleist
Œuvres complètes :
t. 1 *Petits écrits*

t. 2 *Récits*
t. 3 *Théâtre I*
t. 4 *Théâtre II*
t. 5 *Correspondance 1793-1811*

Pierre Klossowski
Tableaux vivants
Écrits d'un monomane

Siegfried Kracauer
Jacques Offenbach ou le secret du Second Empire
Rues de Berlin et d'ailleurs

Charles Lamb
Essais d'Elia

Olivier Larronde
Œuvres poétiques complètes
L'Ivraie en ordre

J.M.G. Le Clézio
La fête chantée

Pierre Le-Tan
Épaves et débris sur la plage

Věra Linhartová
Sur un fond blanc

Rosetta Loy
Rêves d'hiver

Giovanni Macchia
Le Théâtre de la dissimulation
Éloge de la lumière

Giorgio Manganelli
Le bruit subtil de la prose
La Nuit
Le Marécage définitif
Éloge du tyran

Pierre Maréchaux
Énigmes romaines

Patrick Mauriès (éd.)
Les gays savoirs
Vies remarquables de Vivant Denon
Louise de Vilmorin, un album

Patrick Mauriès et Christian Lacroix
Styles d'aujourd'hui

Luigi Meneghello
Colin-maillard

Alain Mérot
Retraites mondaines

Carlo Mollino
Polaroïds

Charles Monselet
La cuisinière poétique

Aldo Palazzeschi
Les Sœurs Materassi
Un prince romain
La Conversation de la comtesse Maria
Allégorie de novembre
Liens secrets

Erwin Panofsky
Les antécédents idéologiques de la calandre Rolls-Royce
Trois essais sur le style

Christine Peltre
L'atelier du voyage

Mario Praz
Goût néoclassique
Une voix derrière la scène

Gerard Reve
Parents soucieux

Wilhelm Richter
Les jeux des Grecs et des Romains

Alberto Savinio
Capri

Wolfgang Schivelbusch
Histoire des voyages en train
Histoire des stimulants
La nuit désenchantée

François Sentein
Minutes d'un libertin (1938-1941)
Nouvelles minutes d'un libertin (1942-1943)
Minutes d'un libéré (1944)
Minutes d'une autre année (1945)

Edith Sitwell
Les excentriques anglais

Pierre Skira
Traité d'incertitude

Logan Pearsall Smith
Trivia

Mario Soldati
La confession
L'enveloppe orange
Le vrai Silvestri
El paseo de Gracia
L'acteur
La vérité sur l'affaire Motta

Stendhal
Salons

Dolf Sternberger
Panoramas du XIXe siècle

Louise de Vilmorin
Mémoires de Coco
Lolette
Promenades et autres rencontres
Articles de mode
Démone et autres textes
Intimités

Dominique Vivant Denon
Voyage en Sicile
Voyage dans la Basse et la Haute Égypte

Lawrence Weschler
Le Cabinet des Merveilles de Monsieur Wilson

Federico Zeri
J'avoue m'être trompé

Le Cabinet des lettrés

Laure d'Abrantès
Une soirée chez Madame Geoffrin

Anonyme japonais
Voyage dans les provinces de l'Est

Jean-François de Bastide
La petite maison

Giovan Pietro Bellori
Vie du Caravage

Michel Braudeau
Le Monarque et autres sujets

Jacob Burckhardt
Démétrios, le preneur de villes

Andrea Camilleri
Un massacre oublié
Indulgences à la carte

Cyril Connolly
James Bond tourne casaque
La chute de Jonathan Edax
Joyeux lits de mort

Janine Coursin (éd.)
Le goût du zen

Crébillon fils
Le Sylphe

Thomas De Quincey
La toilette de la dame hébraïque
Les Sociétés Secrètes
Sortilège et astrologie

Paul Deussen
Souvenirs sur Friedrich Nietzsche

Dôgen
Instructions au cuisinier zen
Corps et Esprit
La présence au monde

Jacques Drillon
Eurêka
Les gisants

Jacques Drillon (éd.)
Tombeau de Verlaine

Florence Dupont et Thierry Éloi (éd.)
Les jeux de Priape

Arlette Farge
Les fatigues de la guerre

John Ritchie Findlay
Les derniers jours de Thomas De Quincey

Henri Focillon
Lettres d'Italie

Frédéric II de Prusse
De la littérature allemande

Fujiwara no Sukefusa
Notes de l'hiver 1039

Louis Fürnberg
Rencontre à Weimar

Galien
De la bile noire

Jean Genet
Lettres au petit Franz

Edward Gorey
Le Grenier pentu suivi de La Harpe sans corde sensible
La Chauve-Souris Dorée suivi de La Visitation irrespectueuse
L'Aspic Bleu
L'Invité Douteux
La Bicyclette Épileptique
Le Curieux Sofa
Le Chien Méfiant
L'Autre Statue
La Visite Mémorable

Baltasar Gracían
Le Héros

Pierre Herbart
Souvenirs imaginaires
La Licorne
L'Âge d'or
Textes retrouvés
Alcyon
À la recherche d'André Gide
Contre-Ordre
On demande des déclassés

Jean-Yves Jouannais
Armand Silvestre, poète modique

Pierre Klossowski
L'Adolescent immortel

La mère du révérend Jôjin
Un malheur absolu

Pierre Le-Tan
Carnet tangérois
Carnet des années Pop

Li Yi-Chan
Notes

Marguerite de Lubert
Tecserion ou Le prince des Autruches

Gérard Macé
Colportage I
Colportage II
L'art sans paroles
Colportage III
Un détour par l'Orient
Le goût de l'homme

Liliana Magrini
Carnet vénitien

Giorgio Manganelli
Itinéraire indien
Chine et autres Orients

Heinrich Mann
Friedrich Nietzsche

Jean-François Marmontel
Trois contes moraux

Michel de Marolles
Vie d'Adrien. Vie d'Héliogabale

Massin
De la variation

Patrick Mauriès
Roland Barthes
Sur les papillonneries humaines
Quelques cafés italiens

Hans Mayer
Walter Benjamin

Thomas Medicus
Villes des Habsbourg

Jacques-Alain Miller
Un début dans la vie

Philippe Moreau (éd.)
Sur les murs de Pompéi

Jean-Charles Moreux
Histoire de l'architecture

Roger de Piles
L'Idée du Peintre parfait

Philippe Pons
Macao

Danielle Porte (éd.)
Tombeaux romains

Jérôme Prieur
Proust fantôme

Pascal Quignard
La Raison

Racan
Vie de Monsieur de Malherbe

Denis Roques (éd.)
Tombeaux grecs

Alberto Savinio
Les Rejets électifs

Julius von Schlosser
Objets de curiosité

Sénèque et saint Paul
Lettres

Mario Soldati
La fenêtre
La veste verte
Le père des orphelins

Robert Louis Stevenson
Charles d'Orléans

Adrian Stokes
Venise

Lytton Strachey
Scènes de conversation
Cinq excentriques anglais
La douceur de vivre

Straton de Sardes
La muse adolescente

Tertullien
Du sommeil, des songes, de la mort

Évrard Titon du Tillet
Vies des Musiciens et autres Joueurs d'instruments du règne de Louis le Grand

Line Vautrin
Rébus

Gabrielle de Villeneuve
La Belle et la Bête

Dominique Vivant Denon
Pages d'un journal de voyage en Italie

Voltaire
Vie de Molière avec de petits sommaires de ses pièces

Patrick Wald Lasowski
Le Traité des mouches secrètes

Hors commerce :

Jane Austen
L'Histoire d'Angleterre, 1988

Thomas De Quincey
La Tragédie grecque, 1989

Valery Larbaud
Pages arrachées à un journal de route, 1990

Marcel Schwob
Deux contes latins, 1997

Composé et achevé d'imprimer
par l'Imprimerie Floch
à Mayenne, le 11 mars 2003.
Dépôt légal : mars 2003.
Numéro d'imprimeur : 56247.

ISBN 2-07-076869-4 / Imprimé en France.

121930